我等着你天边去，地角也去

徐志摩与陆小曼

高志文 著

中国文史出版社

图书在版编目（CIP）数据

我等着你，天边去，地角也去：徐志摩与陆小曼 /
高志文著 . —北京：中国文史出版社，2018.10
ISBN 978-7-5205-0779-0

Ⅰ.①我… Ⅱ.①高… Ⅲ.①徐志摩（1896—1931）
—生平事迹②陆小曼（1903—1965）—生平事迹 Ⅳ.① K825.6

中国版本图书馆 CIP 数据核字（2018）第 259485 号

责任编辑：徐玉霞

出版发行：中国文史出版社
社　　址：北京市海淀区西八里庄 69 号院　　邮编：100142
电　　话：010-81136606 81136602 81136603（发行部）
传　　真：010-81136655
印　　装：北京新华印刷有限公司
经　　销：全国新华书店
开　　本：32 开
印　　张：6.375
字　　数：150 千字
版　　次：2020 年 7 月北京第 1 版
印　　次：2020 年 7 月第 1 次印刷
定　　价：49.80 元

目 录

一 风神潇洒 天如明镜映我心

1.高远碧蓝的天空，是我心灵的镜子

海宁县石硖镇的徐申如，是浙江一带有名的富商，他的公子徐志摩今日娶亲，女方是江苏宝山张家的二小姐张幼仪。

张幼仪的父亲张润之是当地名医，二哥张君劢是翰林院庶吉士。四哥张嘉璈时任浙江都督朱瑞的秘书，在巡视杭州中学时，发现徐志摩的文章《论小说与社会之关系》，将梁启超通俗晓畅、文气纵横的"新文体"模仿得惟妙惟肖，惊为天才。便做主替妹妹选为夫婿。

张幼仪芳龄十五，就读于江苏省立第二女子师范学校，尚未结业，便听从父母兄长的安排，嫁给了徐志摩。

徐志摩十九岁，从杭州府中学毕业后，考入北京大学预科，奉父命回家完婚。徐张两家联姻，门当户对。张二小姐从驳船上搬下来的丰厚嫁妆，在石硖镇的街头巷尾，就被人们议论了好些日子。

徐志摩原名徐章垿。满周岁那天"抓周"，家里来了一位高僧，法号志恢。志恢法师见他一双碧葡萄似的眼睛，

非常可爱，伸手在他头上抚摩一圈，说："此子将来必成大器。"徐老爷大喜，给儿子取名为"志摩"，意为志恢法师摩过头顶。

这天，徐志摩的表兄沈叔薇来了。他二人是杭州府中学的同学，相处得十分亲密。一见面就打趣道："听说新娘子是上过新式学堂的新女性呢。"

徐志摩撇撇嘴："什么新女性！一个乡下土包子！僵硬呆板，实在是无趣得紧。"

"我可是听说，新娘子贤淑稳重，秀外慧中。是识大体的大家闺秀。你可要知足。"

徐志摩却叹道："此等婚姻，不过是遵从'父母之命，媒妁之言'罢了。"见沈叔薇不以为然，又念书似的，"你也读过杜牧的诗，娉娉袅袅十三余，豆蔻梢头二月初。春风十里扬州路，卷上珠帘总不如。"

沈叔薇笑道："诗人写诗总是夸张浪漫的。你竟这样痴迷。"

徐志摩神往着："诗里的女孩儿才是人间极致的红颜，才值得人们毕生追求。人生伴侣，必须自己亲自追求得来，怎可由他人撮合！"

沈叔薇惊讶道："好新鲜的论调！这可不是他人撮合，是父母之命，媒妁之言。"

徐志摩又悄声道："表兄，我想去美国留学。"

青年徐志摩，单薄的身材，顶着一颗大脑袋。白净清秀的面孔，挺直的大鼻子，下巴显得有点长。眼帘儿后的眼睛，清澈、灵动，脑子里似有一堆稀奇古怪的念头，时刻就要施展出来。

沈叔薇对他的奇思妙想一点儿也不奇怪。只觉得他不像是娶了亲的男人，倒像个天真烂漫爱做梦的大孩子。

1918 年，徐志摩在北京大学读法科，他一面选修喜欢的功课，一面准备去美国留学的诸多事宜。

6 月的一天，黄昏，天气有些闷热。徐志摩正要出门，忽见张幼仪的二哥张君劢推院门进来，不禁喜道："二哥来了！我正有事相求呢！"

张君劢笑道："我不来你也不去看我。我一来，你便有事相求。"

徐志摩笑着忙向屋里请。

张君劢抹了把额头上的汗，顺手拿起桌上的折扇："今儿有些闷热，要下雨的样子。"

徐志摩端来凉茶。

张君劢喝了茶，问："找我何事？留学的事办妥了？你不打算回去看看幼仪与孩子？"

徐志摩两眼闪着兴奋的光："是呀！儿子出生三个月了，我们父子还未见面呢！留学诸事，由汪精卫、朱骝先与刘叔和他们办理。想来快办好了。"

张君劢探究地看着他："那你找我何事？"

徐志摩迎着他的目光："我想拜梁启超先生为师。"

张君劢喜道："好啊！梁先生是中国第一流的大学者。也不知有多青年学子想拜在他门下。"又恍然，"噢！你是想让我给你引荐？"

"二哥与梁先生亦师亦友。有你，我何必舍近求远。"

张君劢收了折扇，敲敲桌子："明天就去！"

"自然是越快越好！叫上福叔罢。"见张君劢疑惑，徐志摩笑道，"我姑父的堂弟蒋百里，小名福。我称作福叔。"

"蒋百里呀！"张君劢笑道，"他可是梁先生的得意门生。这个举荐人你算是找着了。"

梁启超，字卓如，一字任甫，号任公。1898 年 6 月与康有为领导的"维新变法"失败后，东渡日本。1912 年 10 月从日本回国，组建了民主党。后又与共和党、统一党合并成进步党，成为民国初期唯一能与国民党对抗的大党。

随着时局的改变，梁启超转而从事文化教育和学术研究。主张发扬光大传统文化，用东方文明拯救世界。他擅长用浅显流畅的文字阐述重大的时事问题和深刻的道理。文章感情真挚，强烈地感染着一代青年。

第二天，张君劢、蒋百里携徐志摩来到梁启超府上。

梁启超中等身材，阔面方口。饱满的额头下，一双浓眉大眼，睿智中透出几许刚毅，几许威严。

徐志摩这样一个无拘无束、活泼好动的人，在他面前竟显得手足无措。

听了张君劢的介绍，梁启超几近严厉的目光打量着徐志摩。这个俊雅的青年，虽有几分拘束，但他金边近视眼镜后面的眼睛闪着孩子般灵动的光，那是好奇、探究与渴望了解这个世界的神色。

梁启超收回目光，端起茶碗。张君劢见他不语，忙向蒋百里使眼色。

蒋百里从怀里摸出一卷纸，双手递给梁启超："先生，志摩从小就敬仰先生，并为先生的学识与文采所倾倒。这是他在杭州府中学就读时，在校刊《友声》第一期上发表的第一篇论文《论小说与社会之关系》。这篇文章从文风到思想，都仿效先生的《论小说与群治之关系》而作。"

梁启超接过细读，眉宇间露出几许笑意。问徐志摩现在读什么书，有何爱好。

徐志摩一一作答。最后竟皱眉道："先生，请恕学生言语无状。我们的国家实在是太乱了。军阀混战，屠杀无辜，国人无知。我辈有志之青年，莫不忧心如焚。"

张君劢与蒋百里面面相觑。梁启超沉声问："对此，你有何看法？或者，你将如何改变国家之现状？"

徐志摩扬眉道："家父笃信'实业救国'，在家乡热心于投资办厂与公益事业。学生则以为，中国之现状，唯有科学与教育方能唤醒国民，方能救之。"

人与人之间的际遇，皆因缘而定。有缘则合，无缘则分，是半点也强求不得的。

梁启超喜欢这个目光纯真的青年。他坐正身子，笑道："你这个弟子，我收了！"

徐志摩似未听清他的话，一双梦幻般的眼睛，盯着梁启超。

张君劢拉他一把："先生答应了，还不快拜师！"

徐志摩行拜师礼后，梁启超道："你如今就读的北京大学，目前是我中国最好的学校。你所选修的功课也有益于今后的事业。但我以为，你应结交有识之士，互相交流读书经验与体会。古人讲究的是，走遍名山大川，寻古探幽，访民问俗，以开阔视野，增长阅历。你既入我门下，我便给你个建议。"

徐志摩恭敬道："先生请讲。"

梁启超道："为师建议你赴欧美留学。学成归来，立身报国。"

徐志摩回道："学生正有此打算，已托人在办理赴美留学的诸般事宜。"

从梁府出来，太阳已落下，西天只余几朵橘红色的云彩随风变幻。张君劢与蒋百里正说着什么，徐志摩突然跑向路边的槐树，跳起来摘下一串肥嘟嘟、香喷喷、洁白如雪的槐花。他仰面向天，欢呼道："好啊！好一个干净的、纤尘不染的天！"

那清远的天空，也似张着几千只明净的神眼，透过他的眼镜，从他如潭水般纯洁的眼睛里，直看到他灵魂深处。

徐志摩与天空对视着，有种被穿透的感觉。他向天空高喊："看吧！我的心、我的肺腑、我的柔肠，如你一般辽阔、坦荡、洁净。你，这高远的、碧蓝的天空，便是我心灵的镜子！"

徐志摩孩子般的行为，他身边的朋友早已见怪不怪。

蒋百里朝他笑道："梁先生好喜欢你呢。我是先生多年的入门弟子，从未见过他今儿看你时，那种慈爱、温和的眼神。"

徐志摩从槐花串上掐一朵花丢进嘴里，嚷道："又香又甜的花儿！"又一本正经地说，"这就是缘分！人与人，有的缘分深，有的缘分浅，有的则是擦肩而过的陌路人。我与先生，前世已定为今生的师徒，他怎会不喜欢我！"

蒋百里大笑，向张君劢道："你这宝贝妹夫惯会胡说八道。我可是要回家了。你走不走？"

张君劢笑着拦了黄包车，二人径自离去。

2. 绣我理想生命的鲜花

1918 年 8 月 14 日，徐志摩登上了南京号轮船，从上海十六浦码头启航。同行的人有汪精卫、朱骝先、李济之、刘叔和等人。

船行大洋之上。开头几天，一切都新奇而多彩。几天后，那日复一日地日升月落，那一望无涯的永远起伏的波浪，更有突如其来的狂风骤雨，在枯燥单调的同时，又倍感惊恐。好在这是一群有胆有识，有共同话题的青年。

这日又说起国内军阀混战之事。

刘叔和道："志摩，这几天你说得最多的，是把救国当作己任。你何不把心中所想写下来？以体现我辈青年肩负着民族兴亡的责任。"

徐志摩摇头："舟中无事，写出来未尝不可。只是吾辈岂是凭一两篇文章能救国的？"

众人笑道："说写就写，何必想得那样多？"

第二天，阳光明丽，海天一色，轮船航行在浩瀚的太平洋上。汪精卫、刘叔和等人在甲板上盘腿而坐，听徐志摩诵读昨夜写就的《赴美至亲友书》：

......

传曰：父母在，不远游。今弃祖国五万里，违父母之养，入异俗之域。方今沧海横流之际，固非一二人之力可以排忧而砥柱，必也集同志，严誓约，明气节，革弊俗，积之深，而后发之大，众志成城，而后可有为于天下。

......

不待他读完，众人都赞他极具梁启超《少年中国说》一文的气魄：以青年之躯，担兴衰之责。

徐志摩头一摆，无不骄傲地说："梁先生可是我恩师。"

1918年9月，徐志摩安然抵达美国，入克拉克大学历史系。选修《欧洲现代史》《欧洲社会政治学》与《商业管理》，并参加了陆军训练团。一年后转入哥伦比亚大学经济系。毕业时，以论文《论中国妇女地位》获得硕士学位。

这天，刘叔和回到住处，见徐志摩歪在床上，无精打采的，不免惊奇。伸手摸他的额头："你这只快乐的猴子，是病了？还是想老婆孩子了？"

徐志摩翻身坐起，随手扔给他一张报纸："你看看罢。"

刘叔和疑惑地摊开报纸。有一则消息说英国哲学家伯特兰·罗素访华期间，发表演说十多次。每个讲题自成一个系列，共五个讲题，依次是：哲学问题、心之分析、物的分析、数学逻辑、社会结构学。被中国知识界称为"五大演讲"。

"我们漂洋过海来美国，原想学些先进的科学的知识，回去改变我们的祖国。"徐志摩在房中踱着步子，"原来，美国是一个讲求物质和利欲的资本主义社会。两年来的所见所闻，是他们掠夺的疯狂与贪婪。对此，我已深感厌倦。"

刘叔和直呼："可惜呀，听不到罗素的演讲。"

"我们去英国跟罗素读书。"徐志摩突然说。

"去英国？"刘叔和为他突如其来的想法惊讶，"我们在哥伦比亚大学的博士学位就快要拿到了。这一走，岂不前功尽弃？"

徐志摩两眼放光："学位固然重要。但我觉得，拜有真知灼见的人为师，认真地念一点书则更为重要。"

1920年9月24日，徐志摩与刘叔和登上了去英国的轮船。决定进入伦敦剑桥大学，师从哲学家罗素，读点有用的书。

当他们到伦敦时，方知罗素因反对"第一次世界大战"，已被剑桥大学除名。如今正在中国，尚未归来。无奈之下，二人只得进入伦敦政治经济学院，师从拉斯基教授学习政治学。

这天无课，徐志摩在寓所给父母写信。

经济学院的同学陈西滢推门进来，笑问："国际联盟协会有个演讲，不去听听？"

徐志摩满脸不屑："那得看何人演讲。"

"林长民。"

"林长民来英国了？"徐志摩惊问。

正是这位林长民，于1919年5月2日，在《晨报》发表《外交警报敬告国民》的新闻，"胶州亡矣！山东亡矣！

国不国矣！""国亡无日，愿合四万万民众誓死图之"向国民揭露政府卖国行径。

此不足三百字的新闻一经发表，顿时激起千层浪。1919年5月4日下午，北京十二所学校的三千多名爱国学生举行示威游行。五四运动由此爆发。

在这次演讲会上，徐志摩与林长民一见如故，二人结为忘年之交。

几天后，徐志摩应邀到林长民的寓所喝茶。

一进门，林长民便笑道："给你介绍一位朋友。这是英国最有特色的作家高尔斯华绥·狄更生先生。"

狄更生向徐志摩伸出手："想必你就是林先生常常提起的徐志摩了。用你们中国语言形容，徐先生果然清雅俊逸，气宇不凡！"

徐志摩原本就是性格爽朗、热情洋溢之人。见狄更生风趣敏慧、充满活力，又说一口流利的中国话，便生出亲近之感。握着他的手说："幸会！幸会！有你这位作家朋友，志摩便可了解西方文学之精髓了。"

狄更生却道："我热爱东方和中国文化。希望人心向善。关心的是爱与真。徐先生在哪里就读？"

徐志摩忙道："叫我志摩好了。我原想从师罗素的，可罗素已离开剑桥大学。"

狄更生笑道："罗素不在，剑桥还有其他学者。何不进剑桥？"

徐志摩摇头："如今想进也进不了。"

林长民接道："狄更生可是剑桥皇家学院主讲政治学和国际关系学的名师。有他，你还怕进不了剑桥？"

徐志摩惊喜地看着狄更生。狄更生微笑点头。

正说话间，林长民的女儿林徽因推门进来，温婉笑道："想必你们的咖啡已经喝完了。我又煮了一壶来。"

林长民看着女儿，满目慈爱。

狄更生连声道谢。

徐志摩忽然迷惑了。雾气弥漫的伦敦，怎可有这等超凡脱俗的女孩儿？那眉宇间的清灵之气；那浅浅的梨花笑靥；那骨子里根植的恬静柔婉，分明是江南水乡一株含苞的莲！清水出芙蓉，天然去雕饰，必是古人特意为她而准备的诗句。

林徽因把三人的杯子斟满。抬头见徐志摩那清澈的目光，透过近视眼镜片，正痴迷地盯着自己。纵使落落大方的女孩儿，也禁不住面红心跳。她放下咖啡壶，退了出去。

徐志摩经狄更生介绍，进了剑桥大学皇家学院，做了一个特别生，可以随意选科听讲。只可惜，林徽因回国了，康桥只留下他流连忘返的孤单身影。

这天午后，天气突然变了。狂风掀起地面上的灰尘，卷着落叶东奔西突。

徐志摩放下手中的书，在关上窗户的一刹那，突发奇想：去康桥看彩虹！他拿起雨衣，出门骑上自行车，飞快地向学校赶去。

一路上，狂风挟着碎冰一样的雨点，四下乱抛。河边的栗树摇晃着，鹅黄色的花朵已凌乱不堪，不再是平日孤寂清冷的样子。那低垂的曼陀罗、忧郁的紫丁香随风脱落，它们的芬芳，在风雨中却更为浓郁湿重。

徐志摩路过同学温源宁的住处，推门冲进去，拉了他就走："快跟我到桥上去等。"

温源宁挣脱他的手："这么大的风雨，去桥上等什么？"

徐志摩取下眼镜，撩起衣角揩镜片上的雨水。孩子似的快乐："去康桥等雨后的彩虹！"

温源宁缩了脖子："我不去！你要去，就将湿衣换了，穿好雨衣再去。伦敦的湿气岂是儿戏！"

不待他说完，徐志摩已跑进雨中。

天空乌云密布，大地一片漆黑。他刚到校门口，银色的闪电似引火索，一个巨大的惊雷在头顶炸裂，炸出无数个小雷轰隆隆地向四下里滚去。

门房见徐志摩匆匆而来，忙迎上来，笑道："呀，你到得真巧。再过一分钟，你准让大雨漫透！"

"我正为要漫透来的！"

话音未落，大雨哗啦啦地下起来，似有神人在半空中往下倒水。

十几分钟后，雷电皆停。空中的乌云悄悄散去，天色渐渐清明。徐志摩耐心等着，他觉得，这雨一停，必有奇景出现。又过了一盏茶的工夫，狂风卷了雨帘，似有一只巨手，把西南隅的云层撕开一道口子。霎时，从月牙形的云絮后，迸出一片明霞，仿佛菩萨背后的万道金光。

徐志摩看呆了。这万道霞光照着东边高楼背后深青色的天空，越发显出西天烈焰奔腾的万千气象。他蓦然回首，不禁失声惊呼。原来，从学校楼宇背后的天空，生出一道五彩斑斓的彩虹，直飞到康河左岸，架起一座绚丽的虹桥。

徐志摩兴奋得手舞足蹈。狂喜之余，沮丧地想，若徽因在该多好，她一定会陪自己沐风淋雨，等待天上的奇迹。一定会怜惜康河岸边的落花，诉一腔哀愁，也一定会为这道美丽的彩虹而激动落泪。

1922 年 7 月，徐志摩决定回国。回国之前，他拜别了所有的朋友，也与热爱着的康桥作别：

> 康桥，再会吧，
> 我心头盛满了别离的情绪。
> 设如我星明有福，素愿竟酬，
> 则来春花香时节，当复西航，
> 重来此地，再捡起诗针诗线，
> 绣我理想生命的鲜花，实现
> 年来梦境缠绕的销魂踪迹，
> 散香柔韵节，增媚河上风流。

3. 得之，我幸；不得，我命

1922 年 10 月 15 日，徐志摩归国的轮船抵达上海。

船到码头，天已向晚。暮色中，徐志摩见到了来接船的父母。离别五年，今日相见，感伤之中不尽欣喜。一家人在上海住了月余。

12 月初，徐志摩到了北平，暂住在好友陈博生家中。

一天，陈博生交给他一封信，是老师梁启超先生给他的。信很长，其中两点令他反感：

> 其一，人类恃同情心以自贵于万物，义不容以他人之苦痛，易自己之快乐。弟之此举，其于弟将来之快乐能得与否，殆茫然如捕风，然先已予多人以无量之苦痛。

> 其二，恋爱神圣为今之少年最乐道。吾于兹义固不反对，然吾以为天下神圣之事亦多矣，以兹事为惟一之神圣，非吾之所敢闻，且兹事可遇而不可求，非可谓吾欲云云即云云也。况多情多感之人，其幻象起落鹘突，而得满足得宁贴也极难。所梦想之神圣境界，恐终不可得，徒以烦恼终其身已耳。

徐志摩并不奇怪老师如何知道他已离婚，又爱慕林徽因。只是心里陡然生出一种激奋的情绪。他所追求的，就是爱、自由与美三者合一的理想。纵然老师是在告诫他、爱护他，他也不能容忍说他的理想是"梦想之境界"。

徐志摩相信，他的理想是可以创造、可以培养出来的。在给老师的回信中，一反往日温文尔雅、绮丽纤秾的文风，激昂地说：

学生从未用别人的痛苦来换取自己的快乐。

我之甘冒世之不韪，竭全力以斗者，非特求免凶惨之苦痛，实求良心之安顿，求人格之确立，求灵魂之救度耳！人谁不求庸德？人谁不安现成？人谁不畏艰险？然且有突围而出者，夫岂得已而然哉？

学生自知美好之爱情可遇不可求，但不能不去追求。我将于茫茫人海中访我惟一灵魂之伴侣，得之，我幸；不得，我命，如此而已。

嗟夫吾师！我尝奋我灵魂之精髓，以凝成一理想之明珠，涵之以热满之心血，朗照我之深奥之灵府。而庸俗忌之嫉之，辄欲麻木其灵魂，捣碎其理想，杀灭其希望，污毁其纯洁！我之不流入堕落，其几亦微矣！

梁启超收到弟子言辞激愤的回信，不知做何感想。只知他推荐徐志摩到北京松坡图书馆工作。

北京的松坡图书馆有两处，一处在西单附近的石虎胡同七号，一处在北海公园里的快雪堂。

梁启超是馆长，在快雪堂办公。他创办的讲学社在石虎胡同七号，是松坡图书馆第二馆，专门收藏外文典籍。邀请国际名人来华讲学，便在此处。蹇季常负责馆务，蒋百里是图书总主任，兼任讲学社总干事。

徐志摩专门处理图书馆与讲学社的英文信件。他从陈博生家搬出来，住进松坡图书馆。工作之余，勤奋写作，四处投稿。把在英国写的，或翻译的诗稿投向各地报刊与杂志。

1923 年 1 月至 3 月，他在各种报刊上发表了《北方的冬天是冬天》《希望的埋葬》《夏日田间即景》等诗歌。其中，《康桥再会吧》最惹人注目。

《努力周报》第一次发表《康桥再会吧》时，排版成连贯的散文。

徐志摩写信去周报告知，这是一种新诗的体裁，不是散文。周报重排，又把首尾颠倒弄乱了。第三次刊出才是新诗的形式。如此三番，这首新诗便引起了读者的极大兴趣。徐志摩也因此声名鹊起。

最先关注徐志摩的是清华大学的学生。梁实秋是清华大学高等科四年级学生，也是清华文学社的代表，他请同学——梁起启的儿子梁思成出面，邀请徐志摩来清华大学演讲。

这是一个崇尚知识的时代，也是一个崇尚名人的时代。

徐志摩虽无杰出事迹，但哥伦比亚大学的硕士，剑桥皇家学院的高才生，梁启超的弟子。这些头衔，足以令人仰慕。

这天一早，清华高等科的小礼堂挤满了人。这些慕名而来的人，与其说是来听演讲的，不如说是来看徐志摩本人的。

徐志摩准时到来。一袭藏青色绸夹袍，外罩一件小背心，缀着几颗闪闪发亮的纽扣，足蹬一双黑缎皂鞋。这一身装扮越发衬得他清秀俊逸，风流倜傥。他旁若无人地走上讲台，从怀里取出讲稿，环视台下，不紧不慢地说："今天，我的讲题是《艺术与人生》。我要按照牛津的方式，宣读我的讲稿。"随即便用流畅的英语读他的讲稿。

自清华大学演讲后，其他学校的邀请接踵而至。徐志摩有请必到，忙得不亦乐乎。

1924 年春天，北京讲学社邀请印度诗人泰戈尔访华讲学，确定让徐志摩做他在华期间的旅伴与翻译。

北平的春天多风。风虽挟了尘沙，却也多了几分曼妙。这几日，连天小雨，徐志摩窝在屋里翻阅泰戈尔的《新月集·飞鸟集》。

泰戈尔的诗歌以优美的文字、深刻的情感及充满哲理的思考，在唤起人们对世上一切美好事物的爱心的同时，也启示人们如何执着于现实的理想追求，让人生充满欢乐与光明。诗人将自己的灵魂编织于诗行之中。

徐志摩被诗人形散神聚，空灵秀丽的语言所吸引。被他充满了灵性的芬芳，如珍珠般闪耀着深邃的哲理光芒所感动。他放下书，眼角竟有泪痕。他来到院中，雨后轻寒，风前香软，春光正酣。

据说，石虎胡同七号，这所王府似的大庭院，曾经是吴三桂的住宅。徐志摩住的那间屋子叫好春轩。他在院中踱着步子，突发奇想，去找了块木板，写上"新月社"三个字，钉在房门边的墙上。

图书馆进进出出的人见了都忍不住好笑。泰戈尔要来，你就搞个"新月社"，应景也应到家了。新月社就这样成立了，只是谁也没指望能长存下去。

为了迎接泰戈尔，新月社准备演泰戈尔的诗剧《齐德拉》。由张彭春导演，梁思成绘景，林徽因饰公主齐德拉，张歆海饰王子阿俊那，徐志摩扮爱神，林长民演四季之神阳春。

1924 年 4 月 12 日，泰戈尔乘坐"热田丸号"轮船到达上海港。徐志摩、瞿菊农、张君劢、郑振铎等人，早已等候在码头。

14 日，徐志摩陪同泰戈尔赴杭州，游西湖。诗人为西湖秀丽风光所陶醉，夜宿西子湖畔。住处有两株西府海棠，正开得花团锦簇。在氤氲的暮色与橘红的灯光下，嫣红的花朵儿，飞香流韵，摇曳生姿。诗人竟不忍入睡，作诗通宵达旦。

23 日，徐志摩陪泰戈尔抵达北平，受到梁启超、蒋百里、熊希龄、胡适、林徽因等人的热烈欢迎。天坛欢迎会后，有人说："林小姐人艳如花，和老诗人挟臂而行，加上长袍白面、郊寒岛瘦的徐志摩，有如松竹梅的一幅三友图。"一时成为京城美谈。

自 28 日起，泰戈尔便与北平学生见面，并到各处讲演。徐志摩翻译泰戈尔的英语讲演，用了中国语汇中最美的修辞，以硖石官话出之，便是一首首精美的小诗，飞瀑流泉，琮琮可听。

5 月 8 日是泰戈尔的生日，北京讲学社要为他开祝寿会。地点在北京协和医学院礼堂，梁启超主持，胡适任主席。祝寿会最后一个节目便是新月社成员演出泰戈尔的诗剧《齐德拉》。

这天傍晚，礼堂外车水马龙，来看戏的人拥成一堆。

大门口，有一美貌女子在忙着发售《齐德拉》说明书。虽是薄薄的一张纸片，却印刷得华美精致。看戏不要钱，说明书每册收费一元。

徐志摩见那女子肌肤如雪，眉目如画，身段虽有些单薄，却自有一股天然的风流韵致。梳着时髦的发式，鬓边斜斜的簪一枝鲜艳的红玫瑰，越发显得妩媚妖娆。他好奇地问蒋百里："福叔，在大门口发说明书的女子是哪里请来的？"

蒋百里笑道:"你不认识她吗?王赓的妻子陆小曼。"见徐志摩瞪着眼睛。又道,"这也奇了!京华名媛陆小曼,你居然不认识!"

礼堂挤满了人,吵吵嚷嚷的,只等开幕。

幕布开启,展现在观众眼前的舞台,金碧辉煌、华丽典雅,场下瞬间安静下来。这是一台英语话剧,最引观众瞩目的,是剧中的公主。

林徽因演的公主,扮相明丽可人。只看她一双清澈灵动的眼眸,便能感知她的十分灵慧。加上她一口流利的英语,清脆柔婉,听得人如醉如痴。

演出结束,泰戈尔走上舞台,与演员们一一握手。最后拉着林徽因的手笑道:"尊贵的林小姐,你的美丽与智慧是上天给你的馈赠,不只是让你拥有一天、一年、十年,而是伴你终生!"

泰戈尔离开北平之前,徐志摩陪他来到法源寺。

法源寺以丁香久负盛名,前庭后院都植有丁香树。此际,正是丁香盛开时节,白的似雪,紫的如烟。丁香花纤巧玲珑、娟柔灵秀。远远看去,团团簇簇如云朵,层层叠叠似堆絮,生机勃勃,幽香弥漫。伴着徐徐钟磬,袅袅香火,古寺越发显得幽深旷远。

泰戈尔被这香气馥郁、明丽隽美的花儿所震撼:"太美了!这是我今生所看到过的最美丽、最繁盛的丁香花!"

丁香花又被称为"百结花"。佛门子弟、文人诗客,皆以丁香结暗喻心结。丁香花是有灵性的，也是有佛性的，精致的花托，纤细的花萼，在风儿拂过的那一瞬间，解开心结，舒展晶莹剔透的花瓣，清欢而自醒。

独立风前树下，聆听花开的声音。从那一朵小小的、清骨素颜的花儿，到自己的方寸之间，或许有个声音，正悄悄告诉你"一花一世界，一叶一菩提"的妙境。在这芬芳的禅意里，那被红尘烟火熏染的心，就如丁香花瓣一样淡然、超脱。

徐志摩绕着花树，若有所思。他是聪明绝顶之人，能领悟人们所不能领悟之意。然而，他宁愿在红尘烈日下煎熬，宁愿在情天爱海中沉沦，也不愿超然物外，独守清欢。他要寻一叶芳香的兰舟，去追寻自己理想之伴侣。这繁华之所，温柔之乡，总有一处是他心灵的栖居之地。

二　郎才女貌　名媛佳丽出琼枝

1.北京城一道不可不看的风景

深秋的北平，层林尽染。且不说香山、西山红叶飞火流丹，单是城里的街巷与四合院里，那一株两株、一排两排的银杏树，满树飘黄，遍地洒金，就足够显出秋的明净与洒脱的韵味来。或有从墙头伸出枝杈的柿子树，片叶无存，只有熟透了的柿子，如同一只只红艳艳的小灯笼。未曾吃到嘴里，便觉着满口的香甜滋润了。

胡适和徐志摩、陈西滢从外交部的舞会上出来，已是黄昏。三人穿街过巷，边走边聊。夕阳拉长了他们的身影。有风掠过，有叶绕肩，芬芳氤氲。

胡适带着促狭的笑意看着徐志摩："大诗人像丢了魂似的。"

陈西滢笑着摇头。

徐志摩回道："你莫说我。我看你们一个个眼睛也盯着她看的。"

胡适又正儿八经的："陆小曼是北京城一道不可不看的风景。能不看？"

一片银杏叶子飘落在徐志摩肩头。他拈起杏叶对着夕阳，满眼金光。忽而叹道："北平竟有这样美到极致的女子！陆小曼今儿就是舞会的皇后！只可惜，这样的美人儿竟嫁给了王赓这样的木头。"

陈西滢瞥他一眼："王赓哪里不好？梁任公的入室弟子，美国西点军校的高才生。如今是陆军部最年轻的少校，又兼外交部的翻译。前程无量呢！"

胡适奇道："你是今天才认识王赓与陆小曼的？"

徐志摩两只瘦削白皙的手指捻动银杏叶柄，眯眼看着他："早就认识了。你怎会有此一问？"

"既是早就认识了，今儿发哪门子感慨？"胡适不解，"陆小曼结婚前就是北平顶尖的名媛佳丽。目前，北平还没有比她更出色的大家闺秀。"

陈西滢突然问："志摩，新月社的事情办得如何了？"

"重新成立新月社是没有问题的。"徐志摩回道，"家父答应与黄伯共同出资。黄伯建议另找地址，设立新月社俱乐部。"

胡适接道："新月社俱乐部？嗯，有别于以前的新月社。很好。"

徐志摩笑道："明儿我去地坛公园看银杏，你们去不去？"

陈西滢问："你手上不是银杏叶子？还用去公园看？"

"那可不一样。"徐志摩看着手中的叶片，"在一大片银杏林子里欣赏银杏落叶，更能体会深秋的灵性与从容，沉静与妖娆。"

胡适仰望碧蓝的天空："天高气爽，秋光晴好。下一场雨便是冬天了，落叶也成泥。你去吧，我手上有一篇稿子未完，梁先生等着呢。"

第二天，徐志摩觉得一人去公园闷得慌。忽然想，何不邀王赓夫妇同去？随即去豆汁店要了豆汁，就着炸得脆脆的焦圈吃了。坐车奔陆府而来。

徐志摩到时，陆家女佣说，姑爷在后花园读书，小姐还未起床。

王赓听了徐志摩的来意，笑道："这个季节看银杏，惬意得紧。只是我还有资料要翻译，叫小曼同你去罢。"叫丫头杏儿去请小姐起床。

陆小曼被叫醒，有些恼怒。听说去看银杏，方缓和了语气："怎么突然要去看银杏？"

杏儿垂首回道："徐先生来请姑爷小姐去地坛公园看银杏。姑爷说有事不去，让小姐跟徐先生去。"

"哪个徐先生？"陆小曼闭着眼睛问。

"前儿来过的。"杏儿回道，"戴眼镜儿，高高瘦瘦的。"

陆小曼心里一动，忙翻身坐起。命杏儿快打水来洗漱。

陆小曼下楼时，徐志摩随王赓正从后花园回到客厅。

女佣过来请安。说老爷夫人已经出门了。请小姐姑爷用早餐。

陆小曼与徐志摩见过礼，又朝女佣点点头。

王赓笑道："志摩，一起用早餐罢。"

徐志摩忙道："谢谢！我已经用过早餐了。"

陆小曼清浅一笑："徐先生请坐！我用过早餐就来。"
吩咐杏儿给徐先生冲咖啡。

陆小曼很快吃完，出门叫了车，与徐志摩往地坛公园
而来。

此时，阳光正暖。微风过处，银杏树林中，似有无数黄蝶，
从枝头惊起，在空中翩飞起舞，又落地成金。

陆小曼惊呼："秋天竟有这般美景！枉我活了 22 个春
秋！今儿才知，秋天的美，秋天的奇异，竟来自这片银杏林！
你看，树上的叶子在动，空中的叶子在飞，地上的叶子随
风飘移。好似一个活生生、金灿灿的童话世界呢！"

徐志摩则看着她，一袭天青色旗袍，恰到好处地勾勒
出玲珑有致的身躯。乌黑的短发，衬得脸庞如月亮般光洁
丰盈。一双清澈的眼眸，流露出天真好奇、纯洁梦幻般的
光彩。心想：你只知秋天的银杏落叶美，却不知你往这金
色的世界里一站，便照亮了这片银杏林子。

心里这般想着，口中却道："北平的秋天是一年中最
美的季节。你看头顶上湛蓝的天空，清朗、高远、大气。
这片银杏林子，灿烂的阳光下，一地辉煌，却无半点秋天
的萧瑟之感。真是满城尽带黄金甲，华丽中透着从容自如。"

陆小曼一双温柔的眼眸，含情脉脉地看着他："徐

先生，你说的像诗，比秋天还美十分呢！我只道在这阳光照映下，银杏林子被点亮了。人在这里站着，心是愉悦的。而你的话让我觉得，我的心是明快洁净的。"

徐志摩看着她的眼睛。从这双湖水般澄澈的眼睛里，似能看到她的心底。她心里的欢喜、忧愁就如水底的绿草与游鱼，清晰可见。

陆小曼见徐志摩两眼痴痴地盯着自己，脸上红霞流转，低眉轻问："徐先生，我这身衣裳不妥么？"

徐志摩如梦方醒，忙道："不不！陆小姐这身天蓝色旗袍，宁静、温婉、雅致。就如秋高气爽的蓝天，给人一种清透、明净之感。"

陆小曼欢喜不尽。要知道，徐志摩欧美留学归来，在北平是小有名气的青年才俊。其人学贯中西，风流倜傥。又因为曾经苦苦追求林长民的女儿林徽因而无人不知。北平的名媛佳丽，有几个能让他刮目相看的？又有几个能让他下此评语？

欢喜之余，陆小曼不免在心里把徐志摩跟丈夫王赓暗暗比较一番。同是留学归来，同样的才华超卓，又同为梁任公的入室弟子。王赓为人刻板木讷、沉默寡言、不解风情。对待工作虽然沉着干练、尽心尽职，可年纪轻轻的，就显出一副老气横秋的样子。

徐志摩则活泼灵敏，风趣友善，浑身洋溢着勃勃生机。在朋友堆里，如杨柳春风，似冬日暖阳。他不做作，不隐瞒，流露的是一派天真自然。

女人很是奇特，她的情感在某一瞬间发生了翻天覆地的变化而不自知。或者说，她自知这种变化，却不想终止这种变化，而是在无形中有意识地推波助澜。

自地坛公园赏银杏后，陆小曼便多了一桩朦胧的心事。

几天后，王赓接上级调令，任哈尔滨警察厅厅长。陆小曼极不情愿随丈夫赴任，却也无可推脱，只得随他去了。

2. 舞会皇后

1925 年 1 月，新月社正式成立。由徐志摩的父亲徐申如与银行家黄子美共同出资，租了新的处所——松树胡同七号，叫作新月社俱乐部。成员有梁启超、林长民、蒋百里、张君劢、胡适、徐志摩、陈博生、陈西滢、林语堂、闻一多、黄子美等。

新月社俱乐部里有电灯电话、地毯沙发、会议大厅。有厨房，请了厨子，倒是一应齐全。还可以举办舞会、读书会、灯谜会、古琴会、书画会等活动。

徐志摩搬出石虎胡同七号院子，住进俱乐部。他原本就是活泼热闹之人，现在的住处又方便、又舒适，自然就成了朋友们聚会闲聊的好去处。

1 月 16 日，胡适请客。俱乐部刚开张，红红火火的，大伙儿都非常兴奋，几乎都来了，并带了女眷。

晚饭后照例是舞会。随着音乐，徐志摩邀请陈西滢的妻子凌叔华共舞。凌叔华随着徐志摩，踏着轻快的舞步，旋进舞池。

一曲舞毕，徐志摩走至蒋百里身边坐下，盯着舞池出神。

蒋百里见他闷声不响的，不免奇怪："你这只快乐的鸟，跳一曲就累了？这可不是你的风格。"

徐志摩不语，抬手示意侍者过来，拿了杯葡萄酒，啜了一口。

蒋百里目不转睛地盯着他："又想什么了？得不到的东西，就不要浪费时间，消耗心神了。"

徐志摩放下酒杯："福叔，我在欣赏陆小姐曼妙的舞姿。"

蒋百里笑道："这就对了。远处是风景，眼前的才是生活。"

蒋百里当然知道，陆小曼是北平有名的大家闺秀。无论是外交部的交际舞会，还是其他重大场合的舞会，都会有她迷人的舞姿，都会吸引男人几许痴迷、几许遐想的目光。何况今夜新月社俱乐部这个小小的舞池。

徐志摩突然问："王赓不是带家眷去哈尔滨了么？怎的还在北平？"

"听梁先生说，陆小曼在那边不习惯，王赓便送她回来了。"蒋百里笑道，"你是第一次见陆小曼？像是很惊艳呢。"

"当然不是。"徐志摩看着舞池里旋转的腿，"只是每次看见她，都会有不同的感觉。"

蒋百里不知，此时在舞池里旋转的陆小曼，落入徐志摩眼底，就好似幽碧深潭的一抹惊鸿。他惊诧于陆小曼艳若桃李的容颜，婀娜娉婷的体态。更为她举措得体、落落大方的气度所倾倒。

陆小曼穿一袭妃色洋装，时髦的短发，鬓角簪一朵嫣红的桃花。比起上次地坛公园看银杏，又是一番妩媚娇柔的模样。正所谓，花开到八分，色艳到十足。

他感叹天地钟灵毓秀，生出这等花容月貌，超凡脱俗的极致女子。在心里，禁不住把眼前的陆小曼与梦中的林徽因做比较。如果说林徽因是一朵婉约娴静、清如浣雪的梨花。那么，陆小曼则是一株娇艳柔婉、亭亭玉立于碧水荷塘中的红莲。

古人说，楼上看山，城头看雪，灯前看月，舟中看霞，月下看美人，另是一番情境。徐志摩则认为，月下美人固然美，只是太朦胧。莫若在这灯光闪烁、音乐悠扬的舞池里，欣赏踏着舞步，身姿婀娜的美人，那才是绮丽纤秾，风情万种。

人生，是一个不断相遇，不断离别的过程，也是一个不断取舍的过程。在茫茫人海中相遇，是缘。有时，当你还未来得及捂热心口那一份深情，却又要在某一个渡口折柳赠别，也是缘。相遇相识相爱，却不能相聚相守。其间的取舍，真的半点也由不得你，半点也强求不来。

其实，尘世中的一切，早有安排，你只须接受，只须随缘。所有的缘分，都有无限的前因，都有无法预知的后果。前因既定，必是人不能更改的；后果由前因而来，也必有人所不能承受、又不得不承受的痛。

徐志摩盯着舞池胡思乱想。他心中的痴念，不知又要生出怎样的故事来。

舞会结束已是深夜。陆小曼同丈夫回至家中，意犹未尽，哼着舞曲，踩着舞步，从客厅旋转着进了浴室。

陆小曼，名眉，江苏常州人。其父陆定，字建三，原籍武进，前清举人。其时科举已废除，他东渡日本，入帝国大学攻读，成为日本名相伊藤博文的得意门生，与曹汝霖等同班毕业。归国后，由同邑翰林汪洵介绍入度支部供职，先任参事，后为财政部赋税司的司长，是国民党党员。

陆小曼于1903年在上海出生，上过几年幼稚园。八九岁时，随母亲至北平与父亲团聚。

那时，正是袁项城专政，满城风声鹤唳。陆定的诸多证件都是随身携带的。一天，小曼说："爸爸把证件都带在身上是很危险的，还是单独放于一处比较稳妥。"

陆定居然听了小孩子的话，当即把证件藏在家中的某一处再去上班。刚出门不远，就被警察带走。夜间，警察突然包围了陆家，楼上楼下到处搜索，一无所获。见小曼年纪小，以为小孩子口无遮拦，会说实话，便单独讯问她。

岂料小曼口风严谨，不露丝毫破绽。警察查无实据，把陆定关几天就放了。

陆定见女儿小小年纪在警察面前镇静自如，便视同儿子一般养育。小曼十二岁那年，不喜欢做功课，整天与家里的女佣嬉戏打闹。陆定气极，把她打了一顿。奇的是，小曼挨打竟不哭不闹，只是从此以后，认真读书做功课，再也不贪玩了。

陆定见此女与众不同，心里更是欢喜。送她进北平法国圣心学堂读书，并请英籍女教员每日上门教她英语。

陆小曼聪颖敏慧，悟性、灵性实在有异于常人。十五六岁时，英文论文，英文信札，意到笔随。放学回家，仍然手不释卷。古今中外的名人著作，十之八九都读过，同时兼修法文。因此，英语法语，无论是写作，还是读书，都十分纯熟流利。

陆小曼十七八岁时，出落成秀丽无比、亭亭玉立的美人儿。唱得一口京韵京腔的京戏，更是跳交谊舞的佼佼者。有人曾说，北平的外交部常常举行交谊舞会，假如哪天舞池里没有小曼的倩影，几乎满座为之不欢。中外男宾，固然为之倾倒，就是中外女宾，好像看了她也目眩神迷，欲与一言以为快。而她的举措既得体，发言又温柔，仪态万方，无与伦比。

这样的名媛淑女，又有显赫的家庭，她身后的追求者趋之若鹜。

3. 金丝雀的烦恼

1922 年，陆小曼十九岁，人生最曼妙的年华。陆定认识了陆军部的少校王赓，便为爱女择为夫婿。

王赓，字受庆，江苏无锡人，1895 年 5 月出生。1911 年清华大学毕业后保送美国，先后曾在密西根大学、哥伦比亚大学、普林斯顿大学就读。1915 年获普林斯顿大学文学学士后转入西点军校。1918 年西点军校毕业时为全级 137 名学生中第 12 名。随后归国，供职于陆军部。后又任巴黎和会中国代表团上校武官，兼外交部外文翻译。

王赓原本是官宦子弟，只是家道衰落。陆定当时正处于事业的鼎盛时期，他看上王赓有无限美好的前程，能给女儿带来荣华富贵。所以，并不在意他目前的穷。订婚一个月后，便在"海军联欢社"举行婚礼。婚礼的一切费用与所有仪式都由陆家负责安排。奢华至极的婚礼，曾轰动一时。十九岁的陆小曼嫁作人妇。

无论娘家多么显赫，无论婚前如何风光，陆小曼与天底下绝大多数女人一样，过起了平凡的居家日子。虽然小夫妻婚后仍住在北平陆家，但陆小曼到底是不能抛头露面了。既不能在校读书，又不宜出去工作，做一个贤妻良母，相夫课子，受丈夫供养的同时，也接受家庭的约束。

若陆小曼是平庸之人，耐得住清寂，守得住孤独，倒也罢了。

若陆小曼与王赓是自由恋爱，彼此钟情爱慕而结为夫妇，那也罢了。

可惜都不是。她也不是她母亲那一代传统、保守的名媛淑女。她从小就受西方文化的熏陶，骨子里浸染的是自由开放与快乐随性。而且她有着天仙般的容颜，满腹的才学，张扬的个性，还有着与常人庸妇不一般的见识。过惯了众星捧月、受人赞美的日子。要她守在家里，如同从云端跌落幽谷。无形中，她视婚姻与家为锁住金丝雀的"牢笼"。

若王赓是个擅长风月、又懂女人心的男人，那也罢了。可他偏偏不是。

王赓是梁启超的入室弟子。因家道衰落，所以从小就严格要求自己，发奋图强。到陆军部工作后，更是勤奋。每日早出晚归，休息日在家里也是手不释卷。他觉得，这就是他应有的日常生活。他是西点军校毕业的高才生，在美国生活多年，习惯用军人严谨，甚至是刻板的规矩要求自己，却因此忽略了如花似玉、喜欢玩乐的新婚妻子。

陆小曼应该庆幸嫁了王赓。王赓稳重、诚实，是尽心尽职的军官，也是有责任心、有担当的丈夫。可她要的是浪漫的爱情，是花前月下的卿卿我我，是被男人捧在手心里的温柔体贴。可这些，王赓给不了她。她无所事事，便与富贵人家的太太小姐吃饭打牌、看戏跳舞。

王赓看不惯陆小曼这种颓废的作派。觉得妻子是受过高等教育的女子，不求她有所作为，只想她把日子过得有质量一点、优雅一点、健康一点，而不是白天睡觉，夜间打牌跳舞、看戏捧角，颠倒黑白。

为此，王赓说过几次。陆小曼从小就被娇宠惯了的，哪能忍受丈夫的责备？何况对这个男人早就一肚子不满，不免反唇相讥，恶语相加。因此，争吵的次数多了，夫妻之间也就伤了和气。

今夜，从新月社俱乐部跳舞归来，陆小曼心情尚好。王赓见了也暗自高兴。居家过日子，家和万事兴，求的是一团和气。谁喜欢争争吵吵呢？可妻子不愿去哈尔滨，心里未免有些不快。转念又想，妻子从小养尊处优，哈尔滨的生活到底不如北平，也就不去计较了。

第二天，徐志摩来陆家邀王赓夫妇去看电影。

王赓笑道："过两日我便要回哈尔滨了，有些事情还得处理。叫小曼陪你去罢。"

陆小曼正闷得慌，见徐志摩来了，心里已是万分惊喜。听了丈夫的话，更是喜出望外。着意打扮一番，袅袅婷婷地出了门。

徐志摩是诗人性情，天真烂漫，洒脱不羁。自见了陆小曼，便生出怜才慕色之心。只是名花有主，不敢有非分之想。今儿来邀王赓夫妇看电影，能与朋友美人相聚，那颗多情多感之心也可宽慰一二。

　　陆小曼自去年秋天看银杏之后，便对徐志摩暗生情愫。巴望着时常与他舞池旋转，山水流连。幻想着每天能见到他风神潇洒的身影，听他机智诙谐的笑谈，谁知突然随王赓去了哈尔滨。

　　在哈尔滨的几个月，陆小曼对徐志摩生出无限的思念。越想越觉得徐志摩的诸般好，也就越来越把丈夫王赓不放在心里。便以生活不习惯、想念父母为由，日夜吵着要回北平。

　　没料到的是，回北平这么快就在舞会上见到徐志摩。而且，他主动来邀自己去看电影，心里不免生出几许莫名的期待。

　　谁知电影看完，除了说电影剧情，徐志摩送她到家门前，就再也没有其他表示。陆小曼心里好生失落。

三　相逢恨晚　人生自是有情痴

1. 我只要一个如心的伴侣

下午，陆小曼送王赓上了去哈尔滨的火车。直至火车开出车站，车轮在铁轨上的"哐当"声与汽笛的吼声渐渐远去，她才返身回家。

坐在梳妆台前，她看着镜子里那张年轻、姣好的面容，心里忽喜忽悲。

喜的是，遇见了徐志摩。她喜欢时常看见他，喜欢跟他一起跳舞喝茶、观山赏景、谈诗论文。见到他时心情愉悦，不见他时忧思重重。这种欢喜中夹着酸楚，心跳中带着心痛的感觉，她想，这就是小说里所说的恋爱了。那么，她认定自己是爱上这个风流才子了。若不是爱上他，何以这般为他神魂颠倒、寝食难安？若不是爱上他，又何以这般关注他的一颦一笑、一举一动？

悲的是，她已嫁作人妇。纵然韶华正好，容貌娟妍，又如何能获取才华超卓、清俊潇洒、幽默诙谐的徐志摩的爱情？

她又有些羞愧，她对丈夫王赓，从未有过这种感觉。

她自始至终都没有爱过这个与她同床共枕，做了三年夫妻的男人。

天色渐暗。杏儿来说："小姐，陈太太打电话请小姐去吃饭打牌呢。天黑了，如何不开灯呢？"随手摁亮电灯。

屋里亮堂起来。陆小曼懒懒的："你去给陈太回个电话，就说我身子不大好，不去了。"

杏儿应声退去。

陆小曼觉得胸口闷得慌，起身走向阳台。有雨打树叶的滴答声，原来下雨了，难怪天黑得早。

她倚窗而立，任晚风拂面，雨点沾衣。

她从未像今天这样失落、抑郁。其实，她此刻的心境，用悲哀一词最恰当。貌美如她，纵然是满腹诗书，纵然能说几国语言，也不再有飞扬的青春与激情的梦想。只能像她母亲那辈人一样，做个贤妻良母，相夫课子。为丈夫与孩子而活，便是人生的最终目的。

雨点渐密，寒气袭人。她关了阳台的玻璃窗，来到书房。

陆小曼记不清有多少日子没进书房，没摸过书了。她倚桌坐下，随手拉开抽屉，那本天蓝色封面的日记本静静地躺在一角。她依稀记得，还是去年春天写过日记。因为不能像婚前那样随便唱戏跳舞，便跟阔太太们打牌喝酒捧戏子，以消磨时光。王赓不耻她这种生活方式，以为连日熬夜，对身体不好，也有失身份。一向宠着她的母亲，也数落她："你已经嫁人了，不是以前的女学生。你是大家闺秀，不是人们所说的交际花。要安分守己，当以丈夫为重，以家为重。"气恼之余，便关在屋里，几天不曾出门。

王赓只忙于自己的工作，根本无暇顾及她。她觉得在家里的时间真的好难挨，寂寞无聊到心慌，又怨母亲以她那个时代的眼光来看待自己。那天，她在日记中写道：

> 在母亲看来，夫荣子贵，是女人的莫大幸福。而女人自己的喜、乐、哀、怒好似不存在一般，所以也难怪她不能明了我的苦楚。

此刻，陆小曼读着日记，不知该怨谁。天下无不是的父母。天下父母总是希望子女能过上幸福美满的日子。而丈夫王赓，才华超卓，工作勤奋，为人又忠厚。亲戚朋友也一致认为，王赓前途不可限量，她只管跟着他享受荣华富贵就好啦。

可她要的不是这些。她要的是自由，是与自己有共同语言，共同爱好的知己。她拿起钢笔，笔胎早已干涸，便吸了墨水，在日记本上写道：

> 其实我不羡富贵，也不慕荣华，我只要一个安乐的家庭，如心的伴侣，谁知连这一点要求都不能得到，只落得终日里孤单的，有话都没有人能讲，每天只是强自欢笑的在人群里混。

她觉得自己的人生愿望很简单。只要一个了解她，关心她，欣赏她，爱护她的知己。只要一个她真爱着的，又真爱着她的男人伴她过一生。而不是遵从"父母之命，媒妁之言"，与一个毫不了解，毫无情趣的男人生活在一个屋檐下。

可如今，她是金丝笼里的鸟，是富贵人家的花瓶与摆设。她早已不是自由之身，也没有了青春的激情。她还能去寻找意中人么？还能谈一场惊天动地、刻骨铭心的恋爱么？

她无助地望向窗台。窗台上有只花瓶，白底蓝色缠枝花，精致典雅，造型优美。虽然她不常进书房，但佣人会收拾得很干净。杏儿每隔几日便换一次插花。今儿花瓶里养的是腊梅。一枝主干，伸出三根斜枝，错落有致的花朵儿，如涂蜡染金，晶莹剔透。书房里暗香飘忽。

她知道，无论花瓶里的蜡梅，在今夜的灯光下如何清劲古雅、超凡脱俗，明天后天，那丰盈如玉的花瓣便会干了水分，便会从枝头脱落。或许，杏儿不等花朵落尽，就换了一枝新的来。

她不舍地移开目光，看着自己嫩如柔荑的双手，黯然神伤。难道她只能像养在花瓶里的鲜花一样，明媚鲜妍几日，芬芳飘逸几时，便香消玉殒，枯萎而死？

屋外，寒风挟着雨点，绕过树梢，穿过屋檐，扑打在窗蓬上，单调而短促。窗里人听了，凭空添几许愁绪。

陆小曼哀怨着。忽见母亲推门进来，忙将日记本放入抽屉。

"眉儿，"陆夫人唤着女儿的小名，"杏儿说你身上不大好，是旧疾又犯了么？"

"没有的事，妈妈。"陆小曼起身离开书桌，顺手关了抽屉。"我只是有些疲倦。今夜不想去打牌，想早点儿歇息。"

陆夫人瞧她苍白的脸，惊道："你这是怎么啦？瘦了一圈呢。"拉她的手往外走，"我命何嫂熬了银耳燕窝粥，吃了再歇息。"

陆小曼吃了小碗燕窝粥。陆夫人又端来一盘西式点心，笑吟吟的："这是我刚学着做的蛋糕。你尝尝。"

陆小曼不忍拂了母亲的好意，勉强吃了两块，也没忘了夸几句："这蛋糕甜而不腻，软而不黏。妈妈手艺越发精湛了，比陈太做得都好呢！"

陆夫人见女儿夸奖，喜笑颜开："眉儿，你也要学着做西式点心。我们这样的人家，凡事虽无须自己动手，但也要懂得如何去做。偶尔做一次，是生活的点缀。既可消磨时间，也可让丈夫高兴。女人这一生呐，就是要想方设法拉住男人的心。"

陆小曼点头称是。心里却不以为然，妈妈确定拉住爸爸的心了？只怕未必。而我至今都不知要拉住谁的心。王赓跟我本不是一条心，拉了何益？我又何必委曲求全？想着又不免伤感起来。

2.发髻擦在脸颊上的芬芳

陆小曼从小就有个心慌的毛病，陆家也没少花钱请郎中，只是无法根治。留下的病根，于美艳中带几分弱不禁风的忧愁之态，似西子捧心一般。任是何人见了，顿生我见犹怜之感。

陆夫人见女儿蛾眉频敛，忙命杏儿快侍奉小姐洗漱了，回房安歇。

陆小曼躺在床上如何睡得着。她闭上眼睛，便见徐志摩推门进来，径直走到床边。温文尔雅的举止，白皙清秀的面孔上洋溢着天真烂漫的笑容，深情款款的眼睛正温柔地看着自己。她无比欣喜的翻身坐起，床前却空空如也。

夜深寒重。雨点打在树叶上零乱的声音，显得格外清晰。她毫无睡意，披衣倚床而坐。橘红色的床头灯，给卧室添了几分暖意。

她的心是冷而杂的。她无不幽怨地想，既是相逢，何不早几年，何不相逢未嫁时？

人们不是常说，相逢即是缘么？今生的缘，谁说不是前世种下的因？若不是前世的因，芸芸众生，为何只有他能解我丁香千结？为何只有他能了却我红豆炽热的相思？

上天既给了我如花的容颜、超凡的才情，为何又不给我完美的爱情、幸福的婚姻？若与他的相逢，是命中的阴差阳错，岂不是太残忍了些？这深厚的情，真切的爱，相思的苦，叫我如何放得下？错也好，对也罢。孽缘也好，善缘也罢，只为今生的相逢，只为这个"缘"字，我便可为之舍弃一切。

陆小曼是极聪慧、极柔善的女子，却也是个倔强的女子。她已拿定主意，爱，就要爱得真切，爱得全心全意，爱得酣畅淋漓，才不枉此一生。

有些话当面说不出口，那就写信好了。陆小曼来到书房，她要给徐志摩写信，要把心里的话儿向他倾诉。她找出信纸，写了撕了，撕了又写。殊不知，她这一时的执着与痴念，竟把那心魔狂病、孽缘情债根植到骨子里去了。

第二天，雨停了，天上有云层，太阳时隐时现。

陆小曼起床已是午饭时分。她坐在梳妆台前，看镜子里的人儿，容颜几许黯淡，几许憔悴。她叹息着，时光流逝，红颜易老。女人的美貌，是生命中最靠不住的依据。她不敢对视镜子里的自己，匆匆理了妆容，下楼去。

陆夫人见她小脸泛黄，吃了一惊："眉儿怎么了？一夜之间如此憔悴？"

"妈妈，没有事的。"陆小曼躲避着母亲的目光，"我只是夜里没有睡好。"

陆夫人忙命佣人开饭。拉了女儿的手："你吃了饭就歇着，晚上的应酬就不要去了。”

陆小曼漫不经心地问：“哪里的应酬？”

“方才胡适先生派人送信来，”陆夫人从茶几上拿起信，“说新月社俱乐部有晚宴舞会，请你去呢。你既不舒服，就不要去了。吃了饭好生歇着。”

陆小曼一把抓过信笺，果真是胡适写的。既是新月社俱乐部的晚宴，徐志摩必定是要参加的。她那颗被相思折磨得千回百转的心，顿时舒爽起来。抬头见母亲关切的眼神，便舒眉笑道：“妈妈，我吃了饭睡个午觉，再去参加晚宴。不妨事的。”

陆夫人见她此刻面泛红晕，娇羞不已，与方才下楼时，竟似换了一个人，很是纳闷。细想去，只道是女婿刚刚离去，留她一人孤单寂寞的缘故，也就不反对她去参加晚宴了。

徐志摩得知胡适今儿又在俱乐部请客，神情怪异：“又请客吃饭？无聊得紧。”

胡适奇道：“你不是最爱热闹的？晚上有舞会呢！”又摸摸他的额头，皱眉道，“请你吃饭还嫌无聊？没有发烧嘛。”

徐志摩推开他的手：“我没有病。跳舞得有合适的舞伴才有趣。你看你，请的都是些什么人呀！”

胡适用笔点着清单上客人的名字：“这些女士的舞跳得不好？你可是常夸她们的交谊舞跳得标准的。”

徐志摩脱口道:"陆小曼才是舞会的皇后,跳舞的精灵。"

胡适恍然:"噢!我明白了!她的帖子已经送去了。"

徐志摩毫不掩饰内心的欢喜,拍着胡适的手臂:"这就是了!我还有事,你先忙着。"

胡适看着他的背影,若有所思。

徐志摩回到自己房中,手里捧着书,心思却神游物外。他永远忘不了,前儿夜里看电影的情形。他原本是想请王赓夫妇一同去的,哪知王赓有事不去,叫陆小曼去。当时,他莫名的暗自欢喜了一阵,随即又嘲笑自己虚伪,并告诫自己:朋友妻不可欺。

看电影时,他尽量目不斜视地盯着银幕。坐在他右手边的陆小曼,不知是身上洒了香水的,还是天生就有体香。那是一种如兰似梅的香味,若有若无地在他鼻端缭绕。他环视前后左右的观众,确信只有小曼配有这种芳香。他几乎控制不了自己,想揽她入怀,把她的芬芳气息深深地吸到心肝肺腑里去。他时而侧目偷看她,在忽明忽暗的光影中,陆小曼的脸充满了梦幻般迷人的色彩。

忽然,电影里一个惊险镜头,陆小曼一声轻呼,身子一歪,头一摆,发鬓擦着徐志摩的脸颊,一缕馥郁之气沾在唇边。随即,一只手紧紧抓住他的手。

徐志摩脸上麻酥酥的,那只抓住他的小手更是温润柔滑。他的心似乎停顿了一秒,又骤然激烈地跳起来。他以为她被电影里的险象吓坏了,便放开她的手,欲揽她入怀。

却见她坐正身子，又专注地看电影了。

徐志摩至今都后悔。后悔放开陆小曼的手。此刻，他回味着脸颊被她的发髻擦着的麻酥酥的感觉，看着自己被她抓过的右手，依稀仿佛，芬芳犹在。

3. 愿与君长相聚

他在房中踱着步子，时而抬头望向窗外的日头影子。今天的时光好像凝固了。他巴望着早点儿天黑，早点儿见到陆小曼。

可见到她又怎样呢？是告诉她自己相思的苦恼？还是倾诉对她的仰慕？这样好么？合适么？且不说人家是有夫之妇，单是她那般千娇百媚，自视清高，又如何看得上自己？

徐志摩很是懊恼。他不停地推翻脑子里的各种想法，又坚信自己的判断。因为他看出陆小曼喜欢跟自己在一起，无论是游山玩水，还是跳舞看电影，抑或是喝茶聊天。就算是欣赏名家名著，她跟自己的爱好也惊人的一致。

更为要紧的是，他从陆小曼偶尔流露的忧伤眼神与抱怨的言谈中看出，她的家庭生活虽然优裕，却是孤独而寂寥、无奈而痛苦的。她自由的个性被束缚，内心的苦恼无人理解。

他像智者似的得出结论，性情不同，又无情感可言的男女结合在一起，是人世间最残忍、最不道德之事。

他觉得自己可以给予陆小曼想要的一切：快乐、自由、爱情与幸福。因为，他们同是心地单纯、善良、美好的人，又有共同的兴趣爱好。他们的内心都有着最隐秘的痛苦。他们可以互相慰藉，互相鼓励，携手风雨人生。

徐志摩为自己找出太多的理由。世间，哪有男子不爱美人？他生来就是多情郎，爱慕红颜女子有何过错？何况他出于本心、本真。

俗世凡人，切莫嫌弃红尘烟火，切莫鄙夷人间风月。有烟火，才有温暖；有风月，才有情趣。因而才有勇气承受天地间的风霜雨雪，才能执着地把岁月过得如流水般一去不回头。他要在红尘之中，守望那一份人间烟火的温暖，把一腔柔情，十分真爱给他所爱的女子。他要让自己无悔的青春，成为她生命中最明媚的阳光。

世间万般，唯相思最苦。梦中不识路，又何以慰相思？徐志摩打定主意，今夜一定要向陆小曼表达他的爱慕之意，缱绻之情。

好不容易挨到日落黄昏，令徐志摩惊喜的是，陆小曼来得最早。

陆小曼与胡适、陈西滢等人问好，就是不敢看徐志摩。没见他时，百般思念。见了，又觉无话可说，也不知说什么才好。

徐志摩见她对自己，竟比以前显得生疏。心中忐忑不安，又不敢相问。平日里最活泼、最灵动、最风趣的一个人，变木讷了。

陈西滢的妻子凌叔华忽然道："小曼，我们去志摩屋里坐吧。这里的人都是烟鬼，烟雾缭绕的，好不呛人！"

胡适笑道："对了，志摩是不吸烟的。他屋里空气清新。去吧，开饭时来请你们。"

徐志摩心中一喜，忙带她俩离了客厅，来到自己的住处，给她们看了卧室与书房。

陆小曼虽来过几次新月社俱乐部，但进徐志摩的房间还是第一次。令她惊讶的是，一个单身男人的卧室竟如此整洁。书房更是窗明几净。两只高大的书橱里，整齐地排列着中外书籍。书桌对面的墙上，挂有一副对联，上书着：

临流可奈清癯，第四桥边，呼棹过环碧；

此意平生飞动，海棠影下，吹笛到天明。

徐志摩见陆小曼看对联，笑道："去年我陪同泰戈尔先生去法源寺，观赏丁香与海棠。法源寺以丁香久负盛名，我与泰翁彻夜未眠，在花树下作诗。梁先生听说后，便作此联赠予学生。"

陆小曼看落款，正是梁启超手笔。不禁赞道："梁先生书法谨严古朴，集古人诗句为联，既说明当日时事，又不着痕迹，堪为上品。"

徐志摩见陆小曼评得甚为内行，把对她的爱慕之心又添了几分敬意。

凌叔华见徐志摩只顾说话，笑道："志摩，到你家来了，茶也没有么？"径自去找水瓶。

陆小曼见徐志摩两眼直勾勾地看着自己，禁不住脸红心跳。此刻，她脑子里似塞满了野草，又似空无一物，只觉得昨夜写的信，此时该给他。便从手包里拿出信笺，低眉垂首，递给徐志摩。

徐志摩不知何意，随手接过。正欲打开看时，见凌叔华提着茶壶进来，忙将信放进衣袋。

胡适在过道处扯了嗓门喊："叔华、小曼，开饭了！"

凌叔华忙放下茶壶，拉陆小曼出了书房，往客厅去。

徐志摩故意落后一步，迫不及待地掏出信笺展开，抬头三个字：

给志摩

下面是一阕词：

卜算子·梦

昨夜梦君来，欲与君私语。月半明时灯半昏，帘外风些许。

但愿梦儿长，长与君相聚。说尽心中爱万千，了却相思苦。

落款处只有一个"眉"字。

徐志摩知道，眉，是陆小曼的名。

爱情，就像春天的雨，无须约定，飘忽而来。牵柔河边的柳，染绿长亭外的草，清脆了鸟鸣，馥郁了花香。

读着这情真意切，相思苦涩的词句，徐志摩那颗温柔多情的心，又喜又忧。身无彩凤双飞翼，心有灵犀一点通。陆小曼果然与自己两副心肠、一般心事。你爱我想我，我又何尝不想你爱你！你可知我的爱多么热切、多么纯真、多么厚重！我爱你灵巧妩媚，爱你神采飞扬。爱你落落大方，也爱你西施般的忧伤。

沉浸在爱的喜悦中的徐志摩好像并没有迷糊，他心里明白，陆小曼毕竟是有夫之妇，毕竟是朋友之妻。

可他又顾不了许多。他相信缘分。缘分，便是遇见了该遇见的人。红尘之上，人海之中，每天都有遇见。但不是每个遇见都能一见钟情，不是每个遇见都能以心相许。遇见了，恰好你青春年少，恰好我风华正茂，又恰好你我相爱，这便是天意。谁能抗拒天意呢？徐志摩一心一意要遵循天意，要与有缘人共享人生悲欢。

正是：人生自是有情痴，此恨不关风与月。

四　雾锁楼台　相见时难别亦难

1. 月亮与柿子树的见证

晚餐桌上，陆小曼没有看到徐志摩，心中忐忑。不知他是否读了那阕词？不知他是否明了她的苦楚、她的真爱、她的相思？

陆小曼魂不守舍。凌叔华以为她不胜酒力，便夺了她的酒杯："小曼，你身子弱，别跟他们喝了。多吃菜。"

胡适笑道："小曼的酒量可是比你大。"

"酒量大也不跟你们喝了。"凌叔华笑道，"你看，小曼已是面若桃花了。"

陆小曼摸着微微发烧的脸庞，嫣然笑道："真的不能喝了。有些头晕呢。"

梁实秋嚷道："不跟我们喝也就罢了！只是还有个人没来呢，若他在，你也不喝了？"

胡适惊讶道："咦！志摩呢？"忙着人去寻。

陆小曼心里更是惶恐。最活泼、最热闹的徐志摩没来闹酒，是因为读了我的信有意不来？那么，他是对自己无情了。他是有意回避自己了。他是嫌弃自己"罗敷有夫"了。

或许他仍在奋力追求才华超卓、清纯如玉的林徽因小姐。

一时间，陆小曼肝肠寸断，心乱如麻。哪里还吃得下。她悄悄跟凌叔华说去卫生间，便退出餐厅。

但她不打算就此罢休，就算徐志摩不爱她，她也要问个清楚明白。因为，他曾亲口对她说，喜欢她的纯，宛如点缀在琼枝上的点点淡梅，洁白无瑕。喜欢她的真，仿佛碧水荷塘中含苞的莲，清新可人。

在卫生间里，她看着镜里的人儿，因饮酒而呈桃色的脸，秀若朝霞，无须涂抹胭脂。只是嘴唇略显苍白，便从手包里拿出口红抹了一下。瞬间，镜子里人儿便妩媚娇柔，神采飞扬起来。她暗自叹息，都说士为知己者死，女为悦己者容，只不知这天生丽质，一腔柔情有谁怜惜，有谁欣赏，又得何人珍藏。

饭后，人们走向舞池。灯光亮起来，音乐响起来。

陆小曼焦虑不安地等待着。

徐志摩来了。他走向陆小曼。今夜，他要拥有他的皇后，他的佳人，他的至爱。他要与她舞低杨柳楼心月，歌尽桃花扇底风。他要陪她杏花疏影里，吹笛到天明。

陆小曼终于看见徐志摩了。

他一袭藏青色长衫，容光焕发。神情中带着几分机敏，几分淘气，却又不失儒雅之风度。她一眼不错地盯着他，莫名的紧张。她怕他走向别的女人，怕他看不到自己。正想站起来跟他打招呼，有人来请她跳舞。她心里几许恼怒，却仍然含笑婉言谢绝。

她焦急的回头，正遇上徐志摩温柔多情的双眸。他像绅士一样，彬彬有礼地请她共舞。

还有什么可问的？真正的爱情，无须言语。只一个眼神，一个笑容，一个手势，便可读懂爱的全部。此刻，陆小曼从他的眼神里，读出千般怜悯，万般爱恋。她随着他步入舞池，踏着轻柔的乐曲，如同行走在春光烂漫的田野，感受着爱情的甜蜜，青春的美好。

徐志摩握着她柔滑的小手，搂着她纤纤细腰，带着她旋转。

人，有时真的很奇怪，当幸福抓在手中时，他总是不敢确定，总以为是在做梦。徐志摩抬眼看看闪烁的灯光，看看身边那些熟悉的面孔，听着舒缓的乐曲，才敢确定自己是真的拥着心爱的人儿了。

他低眉，陆小曼小鸟般依在他胸前，肌肤胜雪，脸颊绯红。虽不胜娇弱，却仪态万方。她身上那熟悉的、缠绵的幽香，从鼻端直渗透到四肢百骸。徐志摩是真的醉了。

俗话说，英雄难过美人关。徐志摩压根儿就不想过这道关。他此生追求的，就是真爱、自由和美。

他在陆小曼耳边低语："眉，你知道吗？人生真的很奇妙。我们一生会遇到很多人，有的人对面相逢不相识，有的人擦肩而过。有的人来了、停下一会儿又走了。缘分让你我相遇，让我们拥抱在一起，听得见彼此的心跳。这里，便是我们爱情的起点，我们要扬起爱的风帆，一直走下去，到天涯海角，到地老天荒。"

陆小曼抬眉，眼睛亮闪闪的，似含有晶莹的泪水。她说不出话来，只微微点头。她相信，她深深爱着的这个男人，会给她倾城的爱，奢华的宠；会给她极致的呵护，幸福的将来。

徐志摩搂着她舞到门边，悄声说："眉，我们离开这里，去我屋里可好？"

陆小曼仰头看着他，灯光闪烁，光影在她脸上飘忽，亮晶晶的眼里，溢满热切的期待。

音乐时而舒缓，时而激昂。人们沉醉在欢乐中，如在云端漫步，暂时忘了生活中的烦恼与忧伤。谁也不曾注意到徐志摩与陆小曼离开了舞厅。

徐志摩开了房门，摸索门边的电灯开关。陆小曼轻声道："不开灯也罢。你看，窗口的月光多么明亮。"

果然，一轮明月正倚在窗外的柿子树丫上，如银的月光映得窗玻璃清寒而明亮。

徐志摩缩了手，喜道："眉儿浪漫极了！就让天上的明月作我们的心灯，与那株古老的柿子树一起，印证你我的爱情天长地久！让我牵着你的手，看大千世界，也看细水长流。"

话未说完，便把陆小曼拥进怀里，低头吻住她柔嫩的唇，搂着她慢慢移步至床边。

月亮不知何时扯了一片云衣遮掩了自己，窗外一片漆黑。片叶无存的柿子树，光秃秃的枝丫，在暗夜里袒露着无声无息的狰狞。舞厅的音乐随风飘忽，人们沉醉在片时欢娱中。

此时此刻，若有人站在黑暗之外、云端之上注目这一切，是否看得清、说得明，春天一场姹紫嫣红的花事里所包含的悲喜忧乐，只是简单到极致的花开花谢？是否能解释，天涯芳草，一枯一荣，究竟是天地神灵的奖罚，还是烟火红尘的劫数？

风月无古今，情怀自浅深。屋内，那五百年风流冤孽遇到一起，谁又能阻止他们将要上演的故事呢。

2. 春的投生

徐志摩觉得自己的人生几近完美。陆小曼虽是"罗敷有夫"，却依然风姿绰约，依然妩媚娇柔，依然飞扬着一股率真之气。她身上所有的一切，似乎正是他这一生中等待、期盼、追求的真爱与美好。

世事难料，缘分难求。滚滚红尘，滔滔世界，有多少人终其一生，都在煞费苦心地寻觅意中人、寻觅完美的归宿而不可得。

徐志摩以为，老天赐给了他一个绝代佳人，也必将赐给他一段良缘。他记住了昨夜的许诺，他要守住心底的约定，他要加倍呵护与珍惜这如约而来的幸福。

自这日以后，徐志摩与陆小曼你侬我侬，卿卿我我。只恨不能天天相见，时时相守，夜夜缠绵。只巴望着上天给他们一个契机，让他们轻轻松松、坦坦荡荡地相携相拥，相亲相爱到白头。

坊间传得最快的，莫过于男女之事了。何况当事人是徐志摩与陆小曼。

陆小曼的事儿一经传开，好事之人又添了无数枝叶。陆夫人终于明白，那帮整日打牌、捧戏子、说是道非的贵妇们，在她面前闪烁其词的话语与鄙夷的眼神。

这些日子，她正暗自高兴。因为女儿最近变得活泼开朗、健康快乐，好似回到结婚以前的青春岁月。女婿远在哈尔滨，女儿体弱多病，作为母亲，她有义务照顾好女儿。当她进一步证实了外面的传闻，震怒、羞愧之余，不知日后如何向女婿交代。唯有把女儿关在家里，一日三餐好茶好饭侍候着。

陆小曼被母亲锁在二楼自己的房间里。这一惊非同小可，若有一天见不到徐志摩，她会疯。

她不能没有徐志摩。她这一世就是奔他而来，只是在某一个路口稍做歇息而错遇了王赓。百转千回之后，她抖落一身尘埃，韶华依旧，美貌依旧，情怀依旧，恰遇徐志摩在此处，等她路过，等她回眸，等着替她抹干眼泪，拥她入怀。

都说前世五百次回眸，才换得今生的擦肩而过。那么，要历经几生几世的生死轮回，才有她与他今生的相遇相知、相亲相爱？这该是多么难得的、珍贵的天赐奇缘！她唯有珍惜这份来之不易的缘，方不负苍天厚意，不负自己的青春年华。

众里寻他千百度，蓦然回首，那人却在灯火阑珊处。她庆幸遇到梦寐以求的男人。恰巧这个男人如风般飘逸，如水般温婉。又恰巧这个男人爱她如生命，视她如灵魂。而她又何尝不想与他今生今世不离不弃，莫失莫忘？她要与他携手在岁月深处，踏碎流年的光影，迎着风霜雨雪，看潮起潮落到时光的尽头。

庭院幽幽，小楼深锁。陆小曼不能外出，望着窗外明媚的阳光，愤懑又无奈。想给徐志摩写信，又怕佣人告诉母亲。便用英文写，说自己被母亲关在家里，失去自由。然后买通杏儿，托她寄出去。

几天后，杏儿偷偷送来一封信，是徐志摩写的诗。

春的投生

昨晚上，
再前一晚也是的，
在雷雨的猖狂中
春

投生于残冬的尸体。

不觉得脚下的松软，
耳鬓间的温驯吗？
树枝上浮着青，
潭里的水漾成无限的缠绵；
再有你我肢体上
胸膛间的异样的跳动；

桃花早已开上你的脸，
我在更敏锐的消受
你的媚，吞咽
你的连珠的笑；
你不觉得我的手臂
更迫切的要求你的腰身，
我的呼吸投射到你的身上
如同万千的飞萤投向光焰？

这些，还有别的许多说不尽的，
都在手携手的赞美着
和着鸟雀们的热情的回荡，
春的投生。

陆小曼读着诗，捂住怦怦的心跳。她当然懂，是她的爱给予了徐志摩诗的灵感，激发了他蓬勃的诗兴。他在诗中不仅仅是赞美春天的起死回生，赞美春天的生机勃勃，更是借春天的美好记录他们在一起甜美而幸福的时光。

虽然他们不顾纲常伦教，犯了宗法家规。虽然他们的感情前路渺茫，遭人唾弃。但他们彼此相爱、彼此珍惜，幸福快乐着。他们拥有如此美妙、甜蜜的爱情，他们不孤单、不惧怕。他们会不顾一切地走下去，永不退缩。

这对相爱而不能相见的恋人，唯有鸿雁传书，互诉柔肠。这禁锢的爱恋之情，在漫长的日日夜夜，愈来愈深沉，愈来愈坚定。

陆小曼用泪水书写她的思念，她的痴情，她的忧伤和哀怨。

徐志摩心痛不已，却也只能在文字的芳草地里，为她唱歌，为她欢笑。给她慰藉，给她温暖，给她无尽的殷切呵护。

只是，那一纸情怀，何以写得尽满腹相思？何以安慰得了寸结柔肠？又怎抵得过相拥时的温暖？

徐志摩最担心的，是陆小曼被父母感化而变了心志。无论她的家如何不温暖，她的丈夫如何不解风情，但她毕竟有丈夫，有家。她会为了真正的爱情，会为了他而不顾一切地走出那座"围城"么？

徐志摩又写诗寄来：

起造一座墙

你我千万不可亵渎那一个字，
别忘了在上帝跟前起的誓。
我不仅要你最柔软的柔情，
蕉衣似的永远裹着我的心；
我要你的爱有纯钢似的强，
在这流动的生里起造一座墙；
任凭秋风吹尽满园的黄叶，
任凭白蚁蛀烂千年的画壁；
就使有一天霹雳震翻了宇宙，
也震不翻你我"爱墙"内的自由！

这是多么天真而纯洁，狂热而执着的爱！陆小曼欣喜的同时，又有几分气恼：你如此爱着我，应知我也是如此爱着你，又何必担心我对爱不够坚定？我何尝不向往自由，不追求真爱，不祈愿美好的生活？我何尝还想维持这无趣的、死水一样的婚姻？我何尝还能与那个不爱的男人生活在一个屋檐下？

陆小曼又幽怨地想，我被关在家里，失去自由，而你却怀疑我对你的一往情深。在这富丽堂皇的楼阁里，重门深锁。我想你念你，却从未怨你。我只怨我的多情，在你的温柔里深深迷醉，无力逃脱。一任思念如窗外花园里的野草，肆恣生长。只求你不要忘了我，正怀抱着寂寞，在这里静静等候。

思绪零乱中，陆小曼又惶恐不安。她不知自己在等什么？等候谁？谁能救得了她？谁能放她出牢笼？谁又能给予她追求真爱的权利和自由？她就这样反反复复地想着、问着。读着徐志摩的诗，时而欣喜，时而忧伤，时而绝望。

刻骨的相思令陆小曼失魂落魄，形销骨立。她似乎孱弱得没有了生机，只剩下浓浓的思念。

3. 我愿意做一尾鱼，一支草

一连几日，徐志摩没有收到陆小曼的信，如笼中困兽，焦躁不安。他以为陆小曼已听从父母的规劝，要断绝与他往来。想到此，他那颗骄傲的心，顿时豪气干云。他暗暗发誓，无论前路多么艰险，无论那条鸿沟多么难以逾越，他都要抓紧陆小曼的手，绝不放弃。

徐志摩对女人是很挑剔的。然而，美丽如小曼，温婉如小曼，灵动如小曼。出现在他的生命里，犹如春雨润物，令他生机蓬勃，令他平凡的生命不平凡。他要把她从不幸的婚姻里解救出来，给她自由、快乐。给她永远的幸福与爱的圆满。

他把他们的往事用爱情、用心血凝聚于笔端，写成一首首浪漫的诗。他相信她能读懂他的心、他的爱，因为，他们在心灵深处彼此欣赏，彼此爱慕。他们的性灵与觉悟，才华与情趣是那样的一致。他们在一起是那样的和谐，简直就是天造地设的一对璧人。

三月初，北平不见春天踪迹。虽是晴日尚好，却风沙弥漫。

陆小曼望着窗外出神。楼下花园，树木未青，花草未芽。春天似乎还沉睡在一个甜甜的梦里，不愿醒来。

她想起草长莺飞，杏花微雨的江南，想起欧阳修的《蝶恋花》。

> 庭院深深深几许，杨柳堆烟，帘幕无重数。玉勒雕鞍游冶处，楼高不见章台路。
>
> 雨横风狂三月暮，门掩黄昏，无计留春住。泪眼问花花不语，乱红飞过秋千去。

词中，青春女子禁锢于幽深庭院，如困居牢笼。情人薄幸，冶游未归。女子孤单寂寥，幽怨难诉。虽有春天可做伴，却已是暮春落花时节。因花有泪，因泪问花。

而陆小曼在这深深庭院里，既无杨柳春风，亦无桃红李白，唯有雨横风狂，唯有泪水涟涟。她觉得自己还不如词里的女子。

几天未收到徐志摩的信，是父母拦截了他的来信，还是他原本就没有寄信给她？陆小曼理不清自己的心绪，担忧、伤心，愁肠百转。

日暮黄昏，疏钟晚祷。陆小曼躺了一整天，身上的骨头都快散架了，正欲起身。杏儿悄悄来说："小姐，有信呢！"

陆小曼一骨碌爬起："在哪儿？快给我！"

杏儿从怀里掏出信，陆小曼一把夺过。

杏儿悄声道："夫人去打牌了，我才从门外邮箱里取来。若让夫人知道了，我会挨打的！"

陆小曼急切地撕开封皮："你去吧！我不告诉夫人就是了。"

杏儿退出门去，陆小曼顾不得开灯，倚在窗前展开信纸，又是诗。

鲤　跳

那天你走近一道小溪，
我说："我抱你过去，"你说："不；"
"那我总得搀你，"你又说："不。"
"你先过去，"你说："这水多丽！"

"我愿意做一尾鱼，一枝草，
在风光里长，在风光里睡，

收拾起烦恼，再不用流泪；
现在看！我这锦鲤似的跳！"

一闪光艳，你已纵过了水；
脚点地时那轻，一身的笑，
像柳丝，腰那在俏丽的摇；
水波里满是鲤鳞的霞绮！

陆小曼满腹忧虑随风飘散，心情如丽日晴空。她读着诗，似乎回到他们一起出游的日子。诗的开头把他二人的对话写得多么生动有趣，结尾把她写得多么妩媚、娇柔、可爱。读到第二首诗，她脸红了。

别拧我，疼

"别拧我，疼，"……
你说，微锁着眉心。
那"疼"，一个精圆的半吐，
在舌尖上溜——转。
一双眼也在说话，
晴光里漾起
心泉的秘密。
梦

洒开了

轻纱的网。

"你在那里？"

"让我们死，"你说。

　　寥寥数语，道尽他们在一起时的亲昵、甜蜜，溢满了柔情与爱恋。她在他笔下，皎洁如明月，璀璨如星子。她是春天的海棠，夏日的莲。是轻舞飞扬的蝶，是天上降落到人间的精灵。

　　徐志摩用一笺墨香，为她渲染了一个春天的色彩。她读懂了诗人的诗心与爱情。他曾经说，你的灵性、纯真与浪漫，是我写诗的灵感的源泉。

　　可她又何尝不知，他虽处于红尘俗世，精神却遨游于广阔无垠的天地之间，逍遥自在、无拘无束。那颗诗心是何等的纯洁，何等的自由。

　　　　　　决　断

我的爱：

再不可迟疑；

误不得

这唯一的时机，

天平秤——
在你自己心里，
哪头重——
砝码都不用比！

你我的——
哪还用着我提？
下了种，
就得完功到底。

生，爱，死——
三连环的迷谜；
拉动一个，
两个就跟着挤。

老实说，
我不希罕这话，
这皮囊——
哪处不是拘束。

要恋爱，
要自由，要解脱——
这小刀子，

许是你我的天国！

可是不死
就得跑，远远的跑；
谁耐烦
在这猪圈里捞骚？

险——
不用说，总得冒，
不拼命，
哪件事拿得着？

看那星，
多勇猛的光明！
看这夜，
多庄严，多澄清！

走吧，甜，
前途不是暗昧；
多谢天，
从此跳出了轮回！

读了这首《决断》，陆小曼收拾起欢喜与陶醉。

这首诗与其说是徐志摩给她的鼓励，不如说是劝她做出决断，早日冲出樊笼。是的，要恋爱，要自由，要解脱，就得挣破捆在身上的网，就得逃出这重门深锁的楼。或许，她没有徐志摩期待的那样坚强，但却渴望改变命运，渴望与他一起，将彼此揣在心间，同走天涯。

天已向晚，窗外亮起了路灯。陆小曼揉揉酸胀的眼睛，觉得肚子饿了，她要吃饭。只有吃饱了，才有清晰的头脑，才有力量去应对将要发生的一切。

陆小曼小心收藏了徐志摩的信，唤杏儿送饭。

五 望穿秋水 隔花人远天涯近

1.美人须见其畅适，方有实际

晚霞归暮处，风烟断黄昏。

傍晚，是徐志摩最难挨的时光。俱乐部白天人多，一到天黑便只剩了他孤零零的。热恋中的人，最怕见不到情人，更怕独处一室。

北平的春天，欲来未来。院里除了那几株四季常青的柏树，了无生机。

天黑下来。徐志摩在院子里徘徊，孤独与寂寞，是暗夜里盛开的并蒂花。花香带着妖魅之气，使他情怀难耐，烦躁不安。可他又不想早早地关进屋子里去。那间屋子，有陆小曼袅娜的身影、如兰的气息。那身影、那气息令他沉醉缠绵，令他相思入骨。

夜露清寒，徐志摩禁不住打个寒战，正想进屋，忽听敲门声。

这个时候谁会来？是陈西滢来加班编辑稿件么？管他是谁呢，孤单的夜里有个人说说话也是好的。

徐志摩开了院门，一缕熟悉的香味扑鼻而来。正疑惑，冷不防门外的人影直扑进怀里，听得一声轻呼："志摩！"

是陆小曼。

陆小曼长长地嘘了口气，慵懒的依在徐志摩怀里。

徐志摩抬手拧亮床头灯，见陆小曼面呈桃色，唇似樱桃，眉若春山。轻抚着她的脸颊笑道："古人说，种花须见其开，待月须见其满，著书须见其成，美人须见其畅适，方有实际。否则皆为虚设。我见你这样的舒畅、愉悦，我便幸福快乐。"

陆小曼媚眼微睁，娇柔地问："古人还说什么了？"

"古人还说：所谓美人者，以花为貌，以鸟为声，以月为神，以柳为态，以玉为骨，以冰雪为肤，以秋水为姿，以诗词为心。我的眉儿样样具备呢！"

陆小曼举手轻轻点一下他的嘴唇："你这张嘴，抹了蜜的？"又幽幽叹道，"我好不容易出来见你，你也不问我这些日子是怎样过的？也不问我怎样出来的？也不管往后又会怎样？"

"正因为难得一见，"徐志摩抓住她的手放在唇边，"我要让你知道，女人幸福快乐的时光，是跟自己所爱的男人在一起。"

陆小曼收回手，双眉微锁："幸福快乐？偷情的女人只有片刻欢娱，却有无穷后患。哪有什么幸福可言。"

徐志摩心想，只要你与王赓离婚，我便可娶你，便可给你幸福快乐至永远。口中却道："你这话倒让我想起南唐后主李煜的一阕词来，你且听。"便摇头晃脑、拖声拖气的念道：

> 花明月暗笼轻雾，今宵好向郎边去。刬袜步香阶，
> 手提金缕鞋。
> 画堂南畔见，一向偎人颤。奴为出来难，教君
> 恣意怜。

陆小曼笑着啐道："我如何不知？这是李后主写他与小姨子偷情的香艳词。皇帝什么女人没有？他想要的女人，还不巴巴的迎上去？还用得着'偷'？写这样的词，不过是无聊时取乐子罢了。"

徐志摩拊掌笑道："我倒忘了，我的眉儿可是通古博今的女才子。这样的词你必是十分懂的。"忽又故意忍住笑，"只是我觉得这首词，是专为今夜的你而写呢！"

"专为我写的又如何？只可惜你不是李后主。你若是帝王之身，我倒是省了许多烦恼了。"陆小曼欲起身穿衣。

徐志摩一把搂住她："你要回去么？夜已深了，路上不安全。明早再回去罢。"

陆小曼有些迟疑："我是趁妈妈出去打牌，买通杏儿才偷着出来的。若妈妈回家不见我，不定怎样呢。杏儿就要倒霉了。"

"你妈妈打牌不到天亮是不会回家的。也别管杏儿了。"

徐志摩道，"我有话还未说呢。"

"什么话？"

徐志摩像哄小孩儿："有一件事不知你能否做到，如能，倒是件有益而且有趣的事。"

"究竟什么事嘛？"陆小曼眨着眼睛，一派天真。

徐志摩怔怔地看着她，半晌才道："我想要你写信给我，不是平常的写法，我要你当作日记写。不仅记你的起居等等，并且记你的思想情绪。"

陆小曼粲然一笑："这有何难的？我以前心烦时也写日记的。"

"那太好了，"徐志摩喜道，"我的眉儿是女才子，写日记自然不在话下。若能寄给我当然最好，若不能，等有机会时一并看。我这个先生再给你批分。"

"我答应你就是了，先生。"陆小曼戏谑地回道。

"我也要写信给你，"徐志摩挺认真的，"告诉你我的爱、我的思念。这样我们就能真相知、真了解，就能紧紧地拉住我们的双手，保护我们的爱情与自由。如此，我们的牺牲、苦恼与努力，也就不枉费了。"

第二天一早，陆小曼溜进自己的房间，抚着胸长长地嘘了口气。正欲换身衣裳，却见母亲推门进来。

陆夫人面沉如水："你照照镜子！你这个样子，成何体统！"

陆小曼低眉垂首，不语。

陆夫人抹泪道："嫁出去的女儿泼出去的水。你若住得远远的，我也就听不见人家说三道四了。"

陆小曼小声道："我又不是小女孩儿。我的事儿跟妈妈没有关系。"

"怎么没有关系？你嫁了人也是我的女儿。你做出这等丢人现眼的事来，我倒真想和你没有关系！"陆夫人怒道，"王赓今儿就要回北平了，我如何向他交代？"

陆小曼一惊："他要回了？"

陆夫人把电报扔给她："你自己看。他今天回北平，很可能会调往上海任职。"

陆小曼匆匆看了一眼，与徐志摩幽会而兴奋的心，顿时凉透。一时茫然失措，不知如何是好。

王赓到家时，正赶上午饭。一家人围桌而坐，陆氏夫妇面上笑呵呵的，到底掩饰不住神色里的尴尬。

陆小曼面上镇静，心里忐忑。王赓的神态与往常没有什么两样。她猜不透，他是否听说了她与徐志摩的事。

王赓在哈尔滨收到好友的信，已知妻子与徐志摩的事。这样的桃色新闻是怎样也遮盖不住的。他们的事，不仅仅只有新月社的人知道，北平社交界早已传得满城风雨。

陆小曼吃完饭回房，把徐志摩的信收藏好。对于她来说，徐志摩的诗与信是她最珍贵之物，无论如何，都不能落入王赓手中。

2. 一切有我在、有爱在

王赓上楼进了卧房，还是那么温文尔雅，谦和有礼。

无奈陆小曼心里只有一个徐志摩。这个与她同床共枕三载的丈夫，此时在她眼里，就如路人一般。

王赓见她目露警惕之色，温和地笑了笑。拉她坐下，轻声问："小曼，你与志摩到底是怎么回事啊？外面传得沸沸扬扬的。"

陆小曼暗想，他原来早就知道了，竟平静如斯，满不在乎的样子。可见，我在他心目中是没有分量的。他既然问了，我便如实说了又如何？是福不是祸，是祸躲不过。该来的终归要来，不如快刀斩乱麻，早作了断。便说自己与志摩如何心性相近、情趣相同。都是纯粹、真挚、善良，热爱自由之人。所以，他们相爱了。

王赓当然知道男女恋爱是怎么一回事。妻子的话，犹如窗外呼啸而来的子弹，带着窗玻璃碎片，一齐射进他的心脏，溅起满腔模糊的血肉。

他以为妻子会否认这件事，会为自己的行为百般辩解。他也希望如此。但他错了。妻子没有半点隐瞒，没有给他这个做丈夫的留一点颜面，似乎也不想给这件事留下回旋的余地。

但他仍然面带微笑："我了解志摩。他是个活泼灵动、才华超卓、心地善良的人。朋友们没有不喜欢他的，你喜欢他也在情理之中。发生这样的事，是我不好。是我对你照顾不周，我光顾着工作而忽略了你。一个男人除了事业和养家，最重要的是对妻子体贴、理解和包容。小曼，给我，给我们的家一个机会，我们从头再来，好不好？"

陆小曼惊愕地看着王赓。她没有料到，王赓在知道事情的真相后，依然不温不火，依然彬彬有礼。居然还要求她给他们的家一个重新来过的机会。

她在心里大大地鄙视王赓了。一个男人，当他得知妻子爱上别的男人时，仍不失绅士风度。这只能说明，这个男人心里根本就没有她，根本就不爱她。天底下，哪有男人不计较妻子出轨的？可见，他不是太虚伪，就是太阴险。志摩才是真诚、率直、体贴、温柔的男人，是可以托付终身之人。

她又不免暗暗地把这两个男人比较一番。王赓身上的缺点，必是徐志摩所具备的优点。王赓有诸多不是，徐志摩就有百般的好。

王赓见她沉思不语，以为她在思考，就笑道："你先午睡罢。不着急，慢慢想！"

陆小曼心里恨恨的，慢慢想？我用得着慢慢想么？你这样的男人，我何必还跟你在一起！跟你多待一天，我便少活一年。你早点放了我才是我的造化。话到嘴边，还是咽了回去，也不敢提"离婚"二字。

自王赓回后，陆夫人不再把陆小曼锁在房里，而是天天带在身边。无论是应酬，还是逛街，寸步不离。

徐志摩知王赓已回北平，心里更是惶恐不安。他不怕王赓找他决斗，他只怕陆小曼在丈夫面前动摇信心。可他又能做什么呢？他是能提枪上马，去把心爱的女人抢回来？还是去指着王赓说："喂！你赶紧与陆小曼离婚，我徐志摩要明媒正娶的娶她？"

他只能写信，只能用笔和文字作为武器捍卫他们的爱情。这是多么无用又无奈的举动。

1925 年 3 月 3 日：

小曼：

这实在是太惨了，怎叫我不爱你的难受！一个最纯洁最可爱的灵魂，四周全是铜墙铁壁，你便有翅膀也难飞。唉，眼看着一只洁白美丽的稚羊让那满面横肉的屠夫宰杀，旁边站着看客，却不动怜惜。这狗屁的家庭，狗屁的社会，去你们的！青天里白日的出太阳，这群人血管里的血全是冰凉的！

我现在可以放怀的对你说，我腔子里一天还有热血，你就一天有我的同情与帮助；我大胆承受你的爱，珍重你的爱，永保你的爱。我如其凭爱的恩惠还能从我性灵里放射出一丝一缕的光亮，这光亮全是你的，你尽量用罢！假如你能在我的人格思想里发现有些许的滋养与温暖，这也全是你的，你尽量使罢！一切有我在，一切有爱在！

想着温婉清灵的陆小曼，他心里柔情似水。可纵有千言万语，一时不能言尽。他搁了笔，抬头见胡适立在身侧。

他吃了一惊："你何时进来的？悄无声息的吓人一跳！"

胡适挨他坐下："是你太专注了。"

徐志摩拿了信往外走："你请坐，我把信发了就回。"

胡适忙道："你先别忙着发信，我有话说。"

徐志摩见他一脸严肃庄重，忙转身："快说。"

"王赓回了。你可知？"

徐志摩一摆头："他回来了又怎样？真正的爱情任是谁也无法阻挡！"

胡适摇头道："你呀！才子情怀，书生意气。你方才写的信我都看到了。若是小曼读信，认为你是爱她、保护她，鼓励她坚强面对一切。若信落在王赓手里，说你扇动她离婚也不为过。"

徐志摩冷笑道："她那是什么婚姻？'父母之命，媒妁之言'，是牢笼。是绳索。囚禁，捆绑了小曼天真活泼的个性。"

胡适道："这只是你的认知。天底下没有不爱儿女的父母。王赓也并非不爱小曼。我想，无论是小曼的父母，还是王赓，都不会轻易同意离婚。"

徐志摩急道："可怜的小曼。才情超卓、柔弱善良的小曼。她的孤独寂寞，她的忧愁烦恼，有谁能理解？她需要一个了解她，欣赏她，爱护她的知己。她需要的是真正的爱情，诗意的生活，而不是做富贵人家的花瓶与摆设。"

胡适一时语塞。不是他无话可说，而是他明白，此时此景，徐志摩情绪激昂，能听进什么话呢？可作为朋友，他又不得不说："你、我与王赓都是好朋友。发生这种事情，大家无权谴责你。可你将如何面对王赓？"

隔壁屋里的陈西滢也过来了，他拍着徐志摩的肩膀："按我说呀，你与小曼的事未必没有希望。只是你不能硬来，强逼着小曼离婚。"

徐志摩奇怪地看着他："那你说该怎么办？"

陈西滢摸着下巴："你应回避一下。既免了与王赓见面的尴尬，也免了发生不堪收拾的后果。"

胡适思索道："西滢的话有道理。你不是收到泰戈尔的邀请信了？何不乘机去欧洲游历一番？"

徐志摩沉思着，眼前是一堆束手无策的难题。回避，实在是上上策。

他有些迟疑："可我怎好向家里要路费？"

陈西滢笑道："你游欧洲时，若能给《晨报副刊》写文章，便可先支一笔钱给你。"

胡适手一挥："写文章还不是他的拿手好戏！就叫《欧洲漫游》好了。"

徐志摩一脸愁状："你们有心情开玩笑，我可是愁苦不堪。"

3. 悲莫悲兮生离别

几日后，徐志摩筹足了路费，定于 3 月 11 日起程。

3 月 10 日夜，新月社的朋友治酒为他饯行。令徐志摩惊喜而不安的是，陆小曼与王赓双双到来。

这次，他只能远远地看着陆小曼。那落寞的背影，幽怨的目光，苍白忧郁的面容，虽是雪清玉瘦，却不减荼蘼。他心痛不已，他能读懂她身上的每一种情绪。这一切不快乐是因为她爱他，却不能与他在一起。他多想拥着她，给她最温柔的爱抚，最贴心的安慰。他多想看她云淡风轻，一笑倾城的容颜。

酒不醉人人自醉。酒桌上，陆小曼旁若无人，一杯接一杯地喝着。徐志摩的心好似被尖刀捅了个窟窿，只恨王赓在旁边，他不能抚慰小曼，便不能抚慰自己的心。

陈西滢的妻子凌叔华扶陆小曼去隔壁屋子休息。陆小曼却哑着嗓子喊："我不是醉，我只是难受，只是心里苦！"

凌叔华劝道："小曼，我懂你的心，也理解你的感情。可真正的爱情，只存在于情人之间。相爱的男女一旦结为夫妻，就会转化为亲情，也有慢慢变成怨偶的。夫妻间没有真爱可言，倒是朋友的爱较为长久。"

陆小曼哪里听得进去。对于她来说，她现在的婚姻、家庭，就是牢笼，就是坟墓。如今她正体验着真爱的激情，她要冲出樊笼，获取真爱与自由的权利。

1925 年 3 月 11 日，徐志摩从北平上火车，取道西伯利亚前往欧洲。

陆小曼知道，必定有很多人去车站为徐志摩送行，她正犹豫着去不去。

王赓似看透她的心思，劝道："今儿志摩出国，还是去送送的好。"

陆小曼这才跟王赓坐车赶到火车站。

一群送行的人围着徐志摩。陆小曼不敢上前问候，更不能流露出丝毫的忧伤悲切，只装作若无其事的与人谈笑。可她觉得心被人掏空了，没有了知觉与思想。她竟不敢走向前去，与爱人说一句体己话，道一声珍重。她心里长声叹息，却见徐志摩向她走来，她忙握住他伸过来的手，强颜欢笑地说一声"一路顺风"，眼泪便簌簌而落。

徐志摩泪眼汪汪地一步一回头地上车。火车开动走出好远，他仍倚着车窗向外送手吻。她知那吻是给她一人的。

悲莫悲兮生离别。从这一刻起，离别苍白了岁月，流年染上了相思。

陆小曼泪眼蒙眬，痴痴地望着火车远去。忽听王赓懒懒的声音："不要看了，火车走远了。"她这才惊觉，原来送行的人都已离去。

第二天一早，陆小曼从梦中哭醒，见天已大亮，不见王赓。正欲穿衣起床，却听王赓的声音："我今儿要去天津，你在家好好养身子。或许我要调往上海任职，到时你便随我去了。"

原来，王赓正坐在梳妆台前的凳子上看着她。陆小曼听说他要去天津，心里一喜。随即听说要带她去上海，心里又急。抬眼瞪着他，想说什么又没说出来。

王赓冷笑一声："为什么你眼睛红了？哭了么？"

陆小曼扭转身，给他一个清冷的背脊。心里哼道：明知我心里难受，还假意问，不过是故意怄我。走了我的知己，你怕不乐？

王赓去天津了。

陆小曼起床洗了脸。揽镜自照，不禁愕然。镜子里的女人，面色萎黄，眼皮微肿，一夜之间，容颜竟如此憔悴。这哪里是曾经为中外男宾所倾倒的交际名花？她心里一声叹息，红颜弹指老，刹那芳华。纵是风姿绰约、青春焕彩的女子，又经得起几番相思愁绝？幸福来得太突然，又离开得太仓促。她还未来得及享受爱情带来的欢乐，便与爱人各自西东。她的心如同浸了水的棉絮，沉甸甸，湿淋淋的。那舞池里旋转的美妙舞姿，那窗前月下的缱绻柔情，那湖边林中的相携相伴，将如何忘却？如何释怀？

从昨日起，她的心就随徐志摩走了。那一刻，思念与寂寞在心底辗转成一片荒芜，<u>丛生出蓬勃的野草</u>。她不知她的春闺梦里人何日归来。不知要被这令人窒息的牢笼囚禁到何时。她不求荣华富贵，她只要她的爱人日日陪伴在身边，不问红尘俗事，不惧人间风霜，遍赏春花秋月夏云冬雪，白头偕老。可这一切太遥远太渺茫。人生有太多的变故与不确定。她伤心欲绝，又惶恐不安，不知等待她的将会是什么。

北平的春天姗姗迟来。湖边的柳条绿了，纤纤柔柔；梁间的燕子回了，双双对对。楼下花园里的春色关不住了，花藤曲曲折折，缠上秋千，爬上窗台。花儿朵朵，开得神采飞扬，馨香飘逸。

陆小曼在写日记，也是给徐志摩写信。她抬眼看一回花儿，想一回梦中人，用素笺浓墨，伴着相思泪水，写下心心念念、真真切切、缠缠绵绵的爱恋与期盼。

在她心里，日记便是徐志摩。写日记就好似跟他耳鬓厮磨、呢喃软语。跟他一起漫步街头巷尾、花间柳径。

系春心情长柳丝短，隔花荫人远天涯近。如果不写日记，如果不想念他，她的爱将于何处安放？只是这轻巧得几近缥缈的文字，又如何承载得起她浓得化不开的相思？如何抹得尽她滚烫的泪水？可唯有这一行行的文字，隔着万重山水、千里烟波，温暖着、连接着两颗彼此牵挂的心。

孤灯不明思欲绝，卷帷望月空长叹。相思深重的人儿，最怕半窗明月，一枕清寒。关了灯，寂寞便如窗外清冷的月色，四处弥漫开来，浸透到夜的角角落落。

六　谁解心语　丁香空结雨中愁

1.你是我的生命，我的诗

杏儿送来一封信。陆小曼见落款日期是 3 月 10 日，便知是徐志摩离开的前一夜写的。她含泪读着：

龙龙：

我的肝肠寸寸地断了，今晚再不好好地给你一封信，再不把我的心给你看，我就不配爱你，就不配受你的爱。

离别当然是你今晚纵酒的大原因。你多美呀，我醉后的小龙，你那惨白的颜色与静定的眉目，使我想象起你最后解脱时的形容，使我觉着一种逼迫赞美崇拜的激震，使我觉着一种美满的和谐。龙，我的至爱，将来你永诀尘俗的俄顷，不能没有我在你最近的边旁，你最后的呼吸一定得明白报告这世间你的心是谁的，你的爱是谁的，你的灵魂是谁的！龙呀，你应当知道我是怎样地爱你，你占有我的爱，我的灵，我的肉，我的"整个儿"。永远在我爱的身旁旋转着，永久地缠绕着，真的，龙龙，你已经激动了我的痴情。

　　我再不能放松你，我的心肝，你是我的，你是我这一辈子唯一的成就，你是我的生命，我的诗；你完全是我的，一个个细胞都是我的——你要说半个不字叫天雷打死我完事。

　　他叫她龙龙！这疯狂的、彻骨的爱，令陆小曼肝肠寸断。信未读完，已泪雨滂沱。

　　陆夫人推门进来。陆小曼吃一惊，忙将信笺塞进抽屉，顺手拿出日记本放在桌上。抹泪埋怨道："妈妈，进来要先敲门。吓我一跳好的！"

　　陆夫人斥道："我在自己的家里进出，还要敲门！"一把抓过日记本，"你晓得进门要先敲门的规矩，却如何不知纲常伦理、宗法家规？"

　　陆小曼低头不语。

　　陆夫人把日记本翻得哗哗响："一个有夫之妇，学什么新潮？谈什么恋爱？王赓去天津前可是嘱咐我好生的照顾你的饮食起居，叫你养好身体。他不计前嫌，还像往常那般对你好。你竟不懂得自尊自重自爱！"

　　陆小曼一听王赓的名字，心里就来气。她抬眉冷笑："多谢他的好！他若放过我，只怕我还多活几年。"

　　陆夫人气急。骂道："放过你？如何放？是打死你，还是一纸休书休了你？不知好歹的东西！你不要脸面倒也罢了，却羞辱了我陆家满门。"

陆小曼泪眼汪汪地看着她母亲："妈妈为何不替女儿想想？我跟王赓再过下去，从精神到身体都会垮掉的。"

陆夫人把日记本往桌上一扔："王赓不好吗？有学问，有担当。吃苦耐劳，从外交部到陆军部，哪个不说他好？有多少名门闺秀想嫁给他都不能。你身在福中不知福。"

陆小曼抹把眼泪："现在不是妈妈那个时代了，婚姻要讲究情投意合。我丝毫不怀疑他是优秀的人。他是妈妈眼里的好女婿，却不是我心里的好丈夫。我跟他性情不合。思想不同的人生活在同一个屋檐下，能不痛苦？"

"我看你是外国的电影小说看多了。"陆夫人鄙夷道，"什么思想不思想，痛苦不痛苦的！无论哪朝哪代，无论是否情投意合的婚姻，都离不了一日三餐，家长里短。"见小曼低眉不语，便压低嗓门，"你以为徐志摩就是个好男人？他为了追求林长民的女儿林徽因，不顾结发妻子有孕在身，都能狠心离婚。如今林徽因不要他了，又来追你。这样的男人，有何情义可言！"

陆小曼虽然早就听说过这件事，此时听母亲提起，心里仍不免妒意横生。口中却道："他的婚姻是奉'父母之命，媒妁之言'。他的前妻不是他所爱之人，离婚是必然的，不是因为某个女子而离婚。他是最单纯，最纯洁的人。从不计较个人得失，朋友们都喜欢他。"

陆夫人冷笑道："他明知你是有夫之妇，而且与你丈夫有同门之谊，竟不顾一切地追求你。说什么最纯洁？简直是没有道义！他为了林徽因抛妻弃子，你能担保，你跟了他以后，他对你不始乱终弃？一个男人不爱妻子倒也罢了，可天底下哪有男人不爱自己的亲骨肉呢？"

陆小曼的心又痛又苦，哀求道："妈妈不要说了！"

陆夫人哼道："你以为我愿意操这份心？我被你气病了。"走到门边丢下一句话，"快把自己收拾了，陪我去医院。"

给陆夫人看病的是一位外国大夫，见一边陪着的陆小曼脸色惨白，嘴唇显乌，神情困顿。便礼貌地笑道："小姐脸色苍白无华，莫非心脏不好？能让我检查一下么？"

陆小曼温婉地笑了笑。心想，我身体是很虚弱，可我如今最要紧的是心病。这世间除了志摩，凭你何种灵丹妙药，怕也是医不好的了。

陆夫人忙道："谢谢大夫！我这孩子从小就有个心慌的毛病，看过很多医生，也不曾医断根。今儿大夫一眼瞧出她心脏不好，真是高明！"

大夫为陆小曼做了一番仔细的检查，说："小姐的心脏病很严重，切不可大意了。"随即开了药，并嘱咐不可忧虑烦恼，不可操心劳累。虽不能根治，也可减少发病的次数。

陆小曼与母亲回到家中，已是黄昏。她想把今儿发生的事情记下来，又有些疲惫，歪在床上竟一觉睡去，醒来天已黑透。她不想动弹，也不想开灯，只静静地躺着。窗外传来稀稀落落的嘀嗒声，下雨了。

北平的春天，雨也是极少的。

不知何时起，陆小曼喜欢下雨。似乎只有雨天才适合忧愁，适合想念，适合躺在床上睁着眼睛做梦。她觉得那密密麻麻、无休无止，剪不断、理还乱的雨丝就是她的相思，就是她对游子无尽的牵挂。

她来到阳台。风，吹面不寒。远处的路灯映得梧桐树叶湿漉漉、亮闪闪的。她看不清花园南边那两株西府海棠与丁香花的模样，但在这暮春的夜雨中，想必那花儿已凋谢在枝头，零落于泥泞之中了。

没有永远的春天，没有开不败的花儿。明年，虽然春天会来，花会再开，却不是那个春天的那朵花儿了。尽管装点了园林，浸润了一段流年，尽管给烟火红尘添了一抹胭脂色，但毕竟是另一个春天的另一场五彩缤纷的花事。

都说美貌女子如花。第一个把女子比做花的是天才李白。云想衣裳花想容，春风拂槛露华浓，他笔下的杨贵妃，云霞一样的衣裳，牡丹花一样的颜容，美人玉色，天生丽质。虽然结局是马嵬坡下泥土中，不见玉颜空死处，一样的凋谢，一样的委身泥土。可她毕竟聚三千宠爱在一身，毕竟得到了君王从此不早朝的爱情。虽短暂，却专一。

陆小曼从不怀疑，自己羞花闭月、仪态万方的傲人姿色与不凡的才情，在北平佳丽中屈指可数。可是，她的爱人呢？她命中的帝王呢？徐志摩曾对天发誓说"弱水三千，只取一瓢饮"，说她是他的生命，他的诗。今夜，他在大洋彼岸还好么？

2. 恨不相逢未嫁时

陆小曼就这样想念着、牵挂着徐志摩。一时欢喜，一时忧愁，一时自怨自艾。又想起亲戚朋友的讥笑与鄙夷，心乱如麻，在日记中写道：

摩：

我害了你了！我是不怕，好在叫人家说惯了。骂我的人，冤枉我的人，也不知有多少，我反正不与人争辩，不过我不愿意连累你也为我受骂。咳！我真恨，恨天也不怜我！你我既无缘，又何必使我们相见？且相见又在这个时候，一无办法的时候。在这种情况之下真用得着那句"恨不相逢未嫁时"的诗了。

从前有多少女子，为了怕人骂，怕人背后批评，甘愿牺牲自己的快乐与身体，怨死闺中，要不然就是终身得了不死不活的病，呻吟到死。这类可怜女子，我敢说十个里面有九个是明知故犯的。她们可怜，至死还不明白是什么害了她们。摩！我今天很运气能够遇着你，在我不认识你以前，我的思想，我的观念，也同她们一样，我也是一样的没有勇气，一样的预备就糊里糊涂的一天天往下过，不问什么快乐，什么痛苦，就此埋没了本性过它一辈子完事的。自从见着你，我才像乌云里见了青天，我才知道自埋自身是不应该的。做人为什么不轰轰烈烈的做一番呢？

　　这天黄昏，陆小曼从刘海粟家学画出来，她不想这么早回家听母亲的唠叨，便不叫车，慢慢走着。

　　街上，行人匆匆；林间，倦鸟归巢。陆小曼迷茫而忧伤，不知不觉间，竟走到新月社门前。她凝望着那扇院门，说不清心里的滋味。她到这里来的次数不多，但这所院落给了她莫大的幸福和欢乐。

　　自徐志摩走后，她觉得这个世界变了。到东也看不见他纯真可爱的笑容，到西也听不见他温和柔美的声音。没有了志摩，她的生命苍白如纸，缥缈如烟。此刻她才惊觉，原来，她是为他而生，为他而活的。

　　岁月，是张扬而冷漠的。它匆匆而过的同时，给人们留下真实的痕迹，没有词性，没有注脚。谜一样人生，任由各自领悟。有些痕迹模糊不清，让人在遗憾中忘却。有些痕迹清晰如昨，让你回味无穷，也让你伤心欲绝。

　　陆小曼与徐志摩相处的时光多么短暂，可那一时一刻，一分一秒都深深铭刻在她心底。他们真诚的相爱，真实的拥有，而今又生生别离。那殷切的思念便又绵延在岁月之中，剪不断，理还乱。

如果时光可以倒流，她愿意回到与志摩相识之初。她不会让他远离，不会让他独自漂泊海外。那么现在，她就不会思之如狂。

有风妖娆，携几缕槐花的清香。有雾缥缈，如纱如幔。黄昏，宁静而隽美。陆小曼却索然无味，正欲离去，忽听院门吱呀声。

凌叔华出来，惊讶道："小曼，怎么不进去？"

"叔华姐，"小曼浅浅一笑，"我路过此地，不便打扰大家工作。"

凌叔华拉了她的手："你这样就见外了。志摩不在，我们也是好朋友。进去坐坐吧，大家都很想你的。我去给他们买点下酒菜。"

陆小曼道："天色已晚，我怕母亲担忧，该回去了。改日再来叙话。"

凌叔华爽朗笑道："我陪你去胡同口坐车罢。"见她忧愁满面的，又问，"小曼，你瘦了好多，志摩有信么？"

小曼低眉垂首："有的，只是来信好慢。"

凌叔华道："隔着天，隔着海呢，自然是慢了。你们这个样子，朋友们很担心。听说王赓去上海任职了。你打算怎么办呢？随他去上海安家？"

夜幕降临，华灯渐起。陆小曼看着行色匆匆的人们，幽幽道："他接到去上海任命的那天，一家人在饭店吃饭。也不知为何，大家都无缘无故地批评我，奚落我。好像我做了亏心事似的，我当场在饭店晕倒，人事不知。谁知，他第二天就赴沪了。他的官要紧，我的病是本来无所谓的。"

凌叔华忙安慰道："我们都知道，王赓一向严以律己的。再说军令如山，他也只有抛却儿女情长去赴任了。在这方面，你原应理解他，体谅他才是。"

陆小曼沉默了一会儿，说："母亲还是会逼我去上海的。"

凌叔华问："你去上海了，志摩怎么办呢？"

陆小曼流泪道："我苦求父母允许我离婚，可他们反过来哀求我。说女儿离婚是陆家最耻辱之事，将来他们无脸见人。妈妈叫我再给王赓一次机会，若往后他仍然只顾工作不顾家，父母便出面帮我离婚。"见凌叔华两眼紧盯着自己，又道，"我何尝不知这是他们的缓兵之计。可我一个柔弱之人，如何斗得过他们。"

凌叔华不语。

陆小曼突然恨恨的："我可是过够了与王赓在一起的日子，跟他过只有死路一条。"

凌叔华想说王赓是个有追求、有理想、有大好前程的青年。但终究没有说出口。

陆小曼又道："我无意间认识了志摩，叫他那双放射神辉的眼睛照彻了我内心的肺腑，认明了我的隐痛。更用真挚的感情劝我不要再在骗人欺己中偷活，不要自己毁灭前程。他那种倾心相向的真情，才使我的生活转换了方向，而同时也就跌入恋爱了。于是烦恼与痛苦，也跟着一起来。"

凌叔华不知该说什么，知道自己说什么她也听不进。只慢声安慰："你别着急，天无绝人之路。会有办法的，志摩也会回来的。"

说话间已到胡同口。凌叔华叫了黄包车，目送陆小曼离去后，到卤菜馆买了几样熟菜回到新月社。

胡适笑道："叔华，你今儿是不是看我们辛苦，就跑去王府井买菜了？"

凌叔华一面道歉，一面麻利地把菜装在盘子里："我出门时见陆小曼在门外发呆，叫她进来坐坐，她又不肯。只好陪她走走，说说话。大家饿坏了吧，饭是现成的，菜是熟的，快吃罢！"

陈西滢奇道："她没有跟王赓去上海么？"

"说是旧病复发，没去成。"凌叔华摆好碗筷，"看她脸色，确实不太好。曾经风姿绰约的交际花，竟憔悴得没有人样了。"

胡适拿起筷子，敲了下桌子："志摩、王赓、小曼都是我们的好朋友，不论他们闹到何种程度，于情于理，我们都应该关心他们，理解他们。哪天闲了，去看看小曼。"

众人点头称是。

3. 明月不解相思苦

王赓已升为孙传芳五省联军的参谋长。陆府上下人等无不喜气洋洋。尤其是陆夫人，头抬得高了，腰挺得更直。唯有陆小曼，如哑巴吃了黄连，有苦说不出。

北平的初夏，夜间仍有几分薄凉。

陆小曼翻来覆去睡不着，索性披衣起身，卷帘开窗，清爽爽的月华水银般涌将进来。她忽然恨起天上的月亮来，明知她孤枕难眠，却圆满成一个永不醒转、永不凋谢的梦。今夜，志摩若在，必定是要赏月的，必定与她携手花间柳径，湖畔桥头。必定将她与明月，一同写进诗里去。掬水月在手，弄花香满衣，是万丈红尘最深处的诗情画意，是风刀雨剑里的快意人生。

有风绕肩，有叶飘零。几许清寒，几许孤寂。夜蛩在阶下长鸣，露水无声坠落。陆小曼莫名地想，谁道明月不寂寞？那千年的孤独，万年的忧伤，不都浸润在唐诗宋词里？不都牵绊在断肠人夜夜的孤枕寒衾边？那嫦娥的幽怨，又岂是一只玉兔能抒怀的？不然，明月何以这般清清泠泠、圆圆缺缺，不就是怕看烟火红尘里的人情冷暖？

她忽然恨起徐志摩来。恨他在海的那一厢，恨他在相思的尽头，恨他丢下她独自面对一群面目可憎的亲人。在这场没有硝烟的战争中，她没有帮手，只依赖着他几封信的鼓励，孤军作战。

陆小曼觉得，不能这样等下去了。这种软弱的、被动地等待是没有结果的。王赓压根儿就没打算离婚。她要主动提出离婚。她希望得到父母的支持。

第二天，陆小曼早早起来了，也不着意梳妆，形容憔悴，她想引得父母的同情和关爱。毕竟是亲生女儿，天底下没有不爱儿女的父母。

陆小曼打错了算盘。陆夫人见她伤心欲绝的样子，并未生怜悯之心，反而骂道："你做个怨妇的样子给谁看呢？人不能没有良心。王赓对你这样好，你该收敛了。"把手中正看着的信笺扔到她怀里，"你自己看去罢！倒是怎么办？快做决定！"

是王赓的信。口吻非常严肃，简直就是命令陆家赶快送她去上海。说这次再不肯去，就永远不要去了。

陆小曼自小任性，是不甘屈服之人。看完信，冷冷道："我道什么大事，原来是这一点小事！这有什么为难之处呢？永远不要我去更好！我若不愿去，难道还抢我去不成？"

陆夫人脸一沉，提高嗓门："哪有这样容易！嫁鸡随鸡，嫁狗随狗。这是古话。不去算什么！"

陆小曼含泪问："妈妈，一个人做人，是为自己做的？还是为着别人做的？"

陆夫人冷笑："你做了王赓几年的妻子，你说是为谁做的？既为人妻，就应安分守己，做个贤妻良母。而不是像你这样率性而为，辱没家风。"

陆小曼气急："你们逼我去，我立即就死。反正去也是死，只是死得慢些，那何不痛快点现在就死了呢？"随手把信撕碎，扔了一地。

陆夫人把正喝着的茶碗往桌上一顿，茶水溅了一身一脸，怒道："好罢！要死大家一同死！"

一直没说话的陆定向杏儿使个眼色，杏儿忙扶了陆夫人进里屋去。

陆定看着女儿，沉声道："你太不像话了！枉读了一堆古今中外的名著。'在家从父，出嫁从夫'这样浅显的道理，你不懂么？今儿就这么定了。你好生收拾东西，过几日就送你去上海。"

陆小曼一急，心跳加快，一口气未接上，便倒在地上。醒来时，发觉自己躺在医院里，只有杏儿守在床边。

从与志摩分别的那一刻起，她就觉得时间长得像一条河。她茫然地盯着天花板，奇怪今儿怎么感觉不到心痛。以前想念志摩时，心里就像塞满了半干半湿的草被人点了火，温火浓烟焚烤着心，闷到窒息，痛到极致时，她真的情愿死去。

现在没有了知觉，她以为自己已经死了，已经在另一个世界。她闭上眼睛，死就死了罢，痛苦地活着，不如早点死去。人总有一死，何苦要把心伤得千疮百孔，鲜血淋漓？又暗自哀叹，一切皆由缘定。与志摩缘尽如此，怨不得爹娘，怨不得天地神仙。原来死比活着更容易、更轻松。

迷糊中听杏儿在耳边轻唤："小姐，胡先生来看你了。"

胡先生？陆小曼悠悠醒转，思维有些许停顿。她星眸微睁，见胡适、陈西滢、凌叔华几人围在床边，正关切地看着自己。

这些熟悉的面孔，没有志摩。她忍不住热泪长流，原来我并没有死，思念如利刃，又刺得心痛了。

胡适见她脸色苍白，呼吸急促，伤心欲绝的样子，俯向床头关切地问："小曼，要不要打电报叫志摩回来。"

陆小曼见胡适怜悯的眼神，忙问："是不是我真的要死了？"

胡适摇头："你不要瞎想。你的病不要紧。我是怕你太想念他了。"

陆小曼想，我的思念如奔腾的黄河水，你们怎能体会，又怎能理解。可现在这种局面，他回来能改变得了么？便轻轻摇了摇头。

胡适与陈西滢等人当然知道她处境艰难。这种现状不是一时半会能解决的。对于离婚，她父母的意见尚在其次，关键在于王赓。若王赓不同意离婚，神仙也没办法撮合她与徐志摩。

大家也不便把话挑明。

胡适见她忧心忡忡，满眼期待地看着自己，便安慰道："你的心脏病虽不是很严重，但若胡思乱想，不把心放开些，身体就难以痊愈。天下事全凭人力去谋的，你若先失去了性命，你就自己先失败。志摩就是回了，那还有什么用呢？"

不管陆小曼是否把胡适的话听进去，她是真的在医院里静心养病了。

七　煮字取暖　长天鸿雁寄相思

1. 不如怜取眼前人

却说徐志摩离开北平的那天。火车开动了，送行的朋友都已离去，唯有陆小曼立在原地。他倚着车窗，看她娇弱的身影渐渐变小，直至火车拐弯看不见了才坐下。他觉得自己像极了在俄国吃了大败仗往后退的拿破仑。天茫茫，地茫茫，心更茫茫。

今天，他乘着离别的火车，离开心爱的人儿。陆小曼满脸的无助与忧愁，怎不叫他痛彻心扉，悲从中来。都说，茫茫人海，有缘才能相遇。都说，不是每个相遇的人都能相爱。相爱是前世的因，修成后世的果。他们相遇了，他们相爱了。他们携缘而来，因前因后果而爱，本应红袖添香，对弈弹琴。本应围炉夜话，诗酒花茶。却偏偏要在这美妙的春天，在这桃红柳绿、杏花微雨的季节，各自天涯。

火车离北平越来越远，他好似跋涉在西伯利亚的冰天雪地里，前路渺茫。不知从何处来，要往何处去。他孤独、寒冷、悲戚，唯有陆小曼是他心头的温暖，是他梦魂里的牵念，是他诗里的旖旎风光。

在火车上，他天天给陆小曼写信。他要把火热的爱恋与水样的相思，捻成丝丝缕缕，连同旅途的孤寂与疲惫，写进字里行间，向那温柔的人儿诉说。

1925年3月26日，徐志摩抵达柏林，得知次子德生于一周前因患脑膜炎夭折，忙来到张幼仪的住处。

见到徐志摩，张幼仪很是惊奇，她已有三年不见此人了。三年的光阴并未在他身上留下些许痕迹，除了眉宇间那一缕旅途的疲惫，他依然是活泼灵动、对周遭的一切满不在乎的神气。

徐志摩不敢对张幼仪说此次出国的真正原因。只说孩子没了，父母很痛惜，也很担心她，让他来看看。

张幼仪将信将疑。保姆将孩子生前用过的、玩过的东西拿出来，一一说给他听。徐志摩看着，听着，顿足道："我遇此惨事，也算是天罚我了！"

张幼仪见他双目蕴泪，神情悲切，不像是装出来的。当下忍住心头的悲痛，带他去殡仪馆去看孩子的骨灰。

徐志摩看到骨灰罐那一瞬间，痛彻肺腑。他紧抓着那冰冷的罐子，一腔为人父的泪水汹涌而出。

四月，徐志摩与泰戈尔约好在意大利见面，执意要带张幼仪同去。但在威尼斯，他总是独自外出，把张幼仪托付给两位随行的英国女士。若不外出时，不是坐着发呆，就是埋头写信。每日早晨，他都在焦急地等待中，等待来自中国的信和电报。

张幼仪终于知道，徐志摩又谈恋爱了。女方是曾经红极一时的北平名媛陆小曼，一位有夫之妇。

也许，婚姻是两个旅人的归宿。旅途的疲惫与孤寂，能使两个旅人在同一个屋檐下，或避风霜雨雪，或相互取暖慰藉。而爱情，则是两个极为相似的灵魂的栖居，是心灵的高度契合。只是，这样的爱情可遇不可求，一旦遇上了，便不可放弃。徐志摩毕生追求的，或许就是这种爱情。

融融落日，涓涓流水。张幼仪倚着窗儿，透过琥珀色的酒杯，默默注视着这异国的街道。微寒的夜风来来去去，尘世的喧嚣躁动，无法扰乱她的宁静。她那颗渐起微澜的心，又沉寂如枯井，再也泛不起涟漪。

终于有一天，徐志摩收到胡适的信，兴奋得手舞足蹈："太好了！我们现在可以离开这里了。"原来，胡适在信中说，王赓已同意与陆小曼离婚，他可以回家了。

可泰戈尔还没有来。他只得耐着性子在此等候。

张幼仪与两位女伴返回柏林。在机场，她像是对徐志摩说，又像是自言自语："人生除了相遇与送别，还有诸多琐碎之事。比如柴米油盐和衣食住行。比如赡养老人和教育孩子。"

她看着他，新婚时那张充满活泼的孩子气的脸，如今多了几许沧桑。她想起那年夏夜，一家人坐在老家院子里，茉莉花清香飘逸。她曾无比幸福而自信地想过，这是个大孩子，等他长成大男人之后，会是她的好丈夫，是孩子的好父亲。这愿望如今想来多么可笑，她不知是该嘲笑自己幼稚，还是该怨恨命运的捉弄。

徐志摩见她欲言又止，笑道："你还想说什么只管说。"自收到胡适的来信，他的心情分外舒畅，任何人的任何话，都听得进去。

张幼仪眼睛望向远处："也没有什么可说的。只是我的话你何曾听得进去？人与人的相遇，就如一季花开。虽五彩缤纷，芬芳馥郁，但季节终归要过去，花儿终归要凋谢。满目山河空念远，不如怜取眼前人。你且回去罢，好好珍惜你所追求，所能拥有的一切。过好每一天，便是惜缘惜福了。"

徐志摩愣住了。他不相信张幼仪能说出如许话来。可这话分明是她说的，空气中尚有袅袅余音。他眼看着她提了箱子，头也不回地走了。那背影，那步履，竟有说不出的孤独与寂寥，冷静与决绝。

走吧，失去的早已失去。就如一朵落花，芳香已尽，落地成泥，再也回不到枝头。

走吧，这山高路险的人生，终究要靠自己一步一步地走下去。不为来生，不为过往，只为风中还悠扬着季节的芬芳。

张幼仪走了，没有回头。

2. 我爱你朴素，不爱你奢华

送走张幼仪，徐志摩便在佛罗伦萨租了屋子住下。一面为《晨报副刊》与《现代评论》写稿，一面等待泰戈尔的到来。

1925 年 7 月 13 日，徐志摩收到陆小曼的来信。

摩，我的爱，到今天我还说什么？"爱"这个字本来是我不认识的，我是模糊的，我不知道爱也不知道苦，现在爱也明白了，苦也尝够了！我要为父母作一切牺牲，我要走了！

摩，我一颗热腾腾的心还留在此地等——等你回来将它带去啊！我唯一的希望是盼你能在二星期中飞到，你我作一个最后的永诀。

读着这缠绵悱恻的痴迷之语，徐志摩哪里还有心思等待泰戈尔？给他拍了封电报致歉，于 7 月底匆匆赶回中国。

百病皆有药，独相思无医。唯有那心上人才是救命的根本。

徐志摩回到北平，顾不得歇息，直奔医院去。

陆小曼见他一路风尘，一身疲惫，那双灵动的眼里，盛满浓浓的怜惜和爱恋。她顾不了病房里其他病人，顾不了杏儿正守在一边，扑进他怀里，哭得泪雨婆娑。

徐志摩紧紧搂着她，吻她的头发，吻她的眼泪，自己也禁不住泪眼迷离。几多思念和牵挂，几多悲切和无奈，伴着滚烫的泪水，风干在这一声深切的问候，一个深情的拥抱里。

陆小曼抬起蒙眬的泪眼，抚摸他消瘦的脸庞："志摩，这是在梦里么？隔着千山万水，我以为再也见不着你了。你看，我就如一朵凋谢、枯萎的玫瑰，再也不是你认识的那个有香气、有灵气的眉儿了。"

徐志摩叹道："眉儿，你永远是性灵纯洁的女子。你永远是我的诗魂，是我诗魂的滋养。我的诗意因你而发，我的诗为你而写。而你这娇弱的精灵，更需要我的真爱、我的理解、我的怀抱。来罢，眉，让我们一起去追寻我们的幸福。幸福并非遥不可及，就在不远处等着我们呢！"

陆小曼脸上红霞流转，芳心如春水摇漾。前一刻还空落落的心房，此刻，恰似繁花盛开的春天。

她松开徐志摩，从枕头底下抽出一个蓝色封皮的本子，娇羞道："这是我写的日记，现在可以给你了。你可得用心读啊！"

徐志摩接过本子："眉，我懂你。这里记载着你的情爱、你的心痛，这也是你性灵的修养，我会仔细阅读，百倍珍惜。自古多情恨离别，我再也不会离开你了！任是谁，都无法把你我分开。"

陆小曼眼里闪烁着亮晶晶的光。她是懂他的。他是要她坚强坚定地与他一起，一起去争取属于他们的自由快乐，去捍卫他们纯真的爱情，去挥洒他们轻舞飞扬的青春。

天色向晚，病房的灯亮了。

杏儿提醒道："小姐，夫人快要来了。"

陆小曼想起，每天这个时候，母亲会来看她。

徐志摩见她突然变了脸色，心痛难忍："你是怕母亲看到我了，才急得脸儿都黄了。你还是如此的不坚定啊！眉，我走了。"

陆小曼眼巴巴地看他掩面而去，泪水又夺眶而出。

徐志摩回了，陆小曼的病也好了，很快便出院回家。

令陆小曼暗生欢喜的是，父母似乎不再排斥徐志摩。言谈之间，竟也有意无意地打听这位才子诗人的近况。

对于陆小曼来说，事情是在向好的方向发展，可徐志摩却越发焦急。因为在他看来，陆小曼与王赓的事并非胡适在信中说的那样简单。王赓只是不再强求妻子去上海，并没有同意立即离婚。王赓一天不离婚，他就一天不得安宁。

而且，令他百般煎熬的是，他与陆小曼同在北平，同在一片蓝天之下，却不能相见。这怎不叫他忧心如焚！他巴望天天见到她，守着她。

曾经，远在天的那一头，海的那一厢，把相思揉成诗，写进一行行文字里。如今近在咫尺，却依然是镜花水月，惆怅满怀。依然只能把相思诉于素笺浓墨。

8月9日

眉，你真玲珑，你真活泼，你真像一条小龙。我爱你朴素，不爱你奢华。你穿上一件蓝布袍，你的眉间就有一种特异的光彩，我看了心里就觉着不可名状的欢喜。

我信合理的生活，动机是爱，知识是南针；爱的生活也不能纯粹靠感情，彼此的了解是不可少的。爱是帮助了解的力，了解是爱的成熟，最高的了解是灵魂的化合，那是爱的圆满功德。

世上并不是没有爱，但大多是不纯粹的，有漏洞的，那就不值钱，平常，浅薄。我们是有志气的，决不能放松一屑屑，我们得来一个真纯的榜样。眉，这恋爱是大事情，是难事情，是关生死、超生死的事情——如其要到真的境界，那才是神圣，那才是不可侵犯。

8月12日

我较深的思想一定得写成诗才能感动你，眉，有时我想就只你一个人真的懂得我的诗，爱我的诗，真的我有时恨不得拿自己血管里的血写一首诗给你，叫你知道我爱你是怎样的深。眉，我的诗魂的滋养全得靠你，你得抱着我的诗魂像抱亲孩子似的，他冷了你得给他穿，他饿了你得喂他食——有你的爱他就不愁饿不愁冻，有你的爱他就有命！

8月14日

恋爱是生命的中心与精华。恋爱的成功是生命的成功，恋爱的失败，是生命的失败。

这是不容疑义的。

眉，我感谢上苍，因为你已经接受了我；这来我的灵性有了永久的寄托，我的生命有了最光荣的起点，我这一辈子再不能想望关于我自身更大的事情发生，我一天有你的爱，我的命就有根，我就是精神上的大富翁。因此我不能不切实地认明这基础究竟有多深，多坚实，有多少抵抗浸凌的实力——这生命里多的是狂风暴雨！

眉，我写日记的时候我的意绪益发蚕丝似的绕着你；我笔下多写一个眉字，我口里低呼一声我的爱，我的心为你多跳了一下。你从前给我写的时候也是同样的情形我知道，因此我益发盼望你继续写你的日记，也使我多得一点欢喜，多添几分安慰。

我想去买一只玲珑坚实的小箱，存你我这几月

来交换的信件，算是我们定情的一个纪念，你意思
怎样？

　　陆小曼从医院回家，病是好了，却总是懒懒地提不起
精神。只有收到徐志摩的信，心情才稍许好一些。读着那
些情意绵绵的文字，又欣喜感动，又愁绪万千。她无奈地想，
我枉有一颗真心，十二分深情，只怪天不从人愿，教我二
人咫尺相望，相爱而不能相聚。就这样愁肠百结，终日恹
恹的。每天除了按时吃饭吃药，不是睡觉，就是读信。既
不写日记，也不去刘海粟处学画了，竟比生病住院时更憔悴，
更消沉。

3. 我的心比莲心苦

　　这天早餐后，陆小曼倚着窗儿发呆，忽有一缕馥郁之
气飘然而来，她循香望去，原来桂花开了。那一树星星点
点金色小花，在秋风中自开自香自落，疏淡而矜持。她忽
然想，宋代女词人李易安有词说，暗淡轻黄体性柔，情疏
迹远只香留。何须浅碧深红色，自是花中第一流。只是这
第一流的花，古往今来，怎么就没有画家去画它呢？
　　"小姐，刘先生来了。"杏儿打断了她的沉思。
　　"刘先生？"她想不出是哪位刘先生，对着镜子略为
整理了一下衣裙，拢了头发，下楼来。

原来是刘海粟、胡适与陈西滢三人来了。

他们见了陆小曼都不禁怔住，往日明艳柔媚、风姿绰约的陆小曼，竟如此憔悴、苍白、孱弱。

刘海粟摇头叹道："唉！问世间情为何物？直教人生死相许。原来这诗是为你与志摩写的。"

陆小曼抑郁地笑了："先生真会开玩笑！今儿如何有空来？"

胡适打趣道："他呀！见自己的学生许久不去上课，也不知其故。可见是个不合格的先生。"

陆小曼恭敬道："先生岂有不合格的！胡大哥说笑了，先生只是忙。"

刘海粟正欲辩解，陆夫人从外面回来，喜道："海粟来了！可是稀客。"

原来，刘海粟与陆夫人都是常州人，还是沾亲带故的世交。自收了陆小曼为徒，与陆家的来往就更密切亲近了些。

陆夫人悄声对刘海粟道："海粟你跟我来。"便头里朝书房去。

刘海粟不知何故，放下茶盏，随后跟来。

"海粟你坐，"陆夫人神色有些不自然，"你说那徐志摩究竟是个什么人物？小曼为了他，连宗法家规都不顾，弄得神魂颠倒，要死不活的？"

刘海粟一时猜不透她是何意，只是很肯定地说："志摩的才华自不必说，于人品上也极好的。"

陆夫人皱眉道:"他为追林长民的女儿,跟原配离婚,这也算人品好?"

刘海粟顿了一下:"他的原配夫人是他在外读书时,父母给定下的。既无共同语言,亦无爱情。他性格好,淳朴天真,有一颗赤子之心。到哪儿都是一团和气,一腔侠义。从不怕吃亏,不计较得失,也从不恨人。估计他也从未想过会有人恨他。"

"你把他说的这样好,"陆夫人看刘海粟一脸真诚,"我倒迷惑了。"

"夫人,"刘海粟笑道,"我何必骗你?骗你何益?胡适与陈西滢在外面呢,他们都是志摩的挚友,夫人也可以问他们呀!"

陆夫人吸口气,像是牙痛:"海粟,你我都是常州有名望的世家。小曼结婚又离婚,离掉再结婚。说起来有失体面家声,成什么话呢?"

刘海粟到底年轻,说话直率:"夫人既提起此事,我也不妨直说。夫人请看小曼现在的样子,跟病人有何区别?若如此下去,既害了小曼,也害了王赓。不如离了的好。"

陆夫人半晌才道:"道理我都明白。到底人言可畏。再说,离婚也得王赓同意啊!他若不愿离,我们也不能强迫不是?"

刘海粟想了想:"夫人,我回去跟胡适、志摩他们商议商议,看他们如何说。"

陆夫人点头道："如此最好。我等你消息。"

徐志摩百无聊赖地歪在床上，思绪也不知飘悠在哪里。忽见胡适推门进来，后面跟着刘海粟和陈西滢。

刘海粟笑道："你倒好，受佳人垂青，却劳我们受累。"

胡适忙道："陆夫人可是跟你说的悄悄话，跟我与西滢不相干。"

徐志摩忙问其故。刘海粟便把陆夫人说的话对他述说一遍。

徐志摩一把抓住刘海粟的手，狂喜道："原来救星在此！海粟，这个忙你一定要帮到底啊！"

陈西滢进门就煮咖啡，听他们说得热闹，冷声道："你们倒是高兴，若王赓坚决不离婚，又将如何？"

徐志摩听了，沸腾的心凉了半截。

胡适回道："所以，海粟任重道远，应去上海劝说王赓离婚。其实，他与小曼这样拖着已没多大意思了。不如早点离了痛快。"

陈西滢给每一人倒一杯咖啡，对刘海粟笑道："王赓可是五省联军总司令部的参谋长啊！你跟他说话可要小心些。"

刘海粟偏了头问："大家都是朋友，难道他会拿枪指着我？"

陈西滢一本正经地："那可说不定！王赓虽受西方文

化熏陶，骨子里却是个传统的人。不然，小曼如何跟他过不下去？不是有句老话说'杀父之仇，夺妻之恨，不共戴天'么，谁能担保他不会动武？"

大家一时沉默。

徐志摩怕刘海粟打退堂鼓，只管央求他。

胡适见他一脸焦急，安慰道："西滢说的也无不道理。如果海粟随陆夫人与小曼去上海，大家坐下来，心平气和地解决这个问题，也不是不可能。"

刘海粟冷静下来，也觉得这事非同儿戏，只是已经答应了陆夫人，又怎生推脱？便与大家商量，决定随陆夫人与小曼一起赴上海。

徐志摩急道："要去上海就趁早。我这颗心疲惫已极，再也承受不了等待的折磨。定明日的火车如何？"

刘海粟看了他一眼："我还得去跟陆夫人商量呢。"

1925年9月2日，刘海粟与陆小曼母女去上海。胡适、徐志摩、陈西滢与陶孟和等都来送行。

兜兜转转，又站在送别的站台。徐志摩那颗善感的心，早已支离破碎。他的目光追着火车，追着陆小曼远去的背影。这一刻，只觉得岁月的青苔漫过他的四肢百骸，沧桑了北平的整个秋天。

陆小曼到上海，要与丈夫在一起，怎不叫他寝食难安。徐志摩回到新月社的住处，像疯了一样。他已不能安下心来等待。对他来说，等待是一剂毒药，让他肝肠寸断，让他灰飞烟灭。

第二天一早，他上了去上海的火车。

在车上，他忽然不相信刘海粟能帮他。他觉得陆小曼会回到王赓的怀抱。一想到此，他就心碎欲裂。他这一生，似乎只有笔做伴，只有在纸上向情人倾诉心曲：

我来扬子江边买一把莲蓬

我来扬子江边买一把莲蓬；

手剥一层层莲衣，

看江鸥在眼前飞，

忍含着一眼悲泪——

我想着你，我想着你，啊小龙！

我尝一尝莲瓤，回味曾经的温存：——

那阶前不卷的重帘，

掩护着同心的欢恋：

我又听着你的盟言，

"永远是你的，我的身体，我的灵魂。"

我尝一尝莲心，我的心比莲心苦；

我长夜里怔忡，

挣不开的恶梦；

谁知我的苦痛？

你害了我，爱，这日子叫我如何过？

但我不能责你负，我不忍猜你变；

我心肠只是一片柔：

你是我的！我依旧

将你紧紧的抱搂——

除非是天翻——

但谁能想象那一天？

八　花好月圆　春风吹向小梅梢

1. 一别两宽，各生欢喜

王赓从酒店出来，已近黄昏。他不想去办公室，也不想回家。他只想一个人随便走走。

今天，刘海粟在功德林素菜馆设宴请客。客人有陆夫人、陆小曼、王赓、徐志摩和张幼仪的二哥张君劢。还有他们的朋友杨杏佛、唐瑛、李祖法与唐瑛的哥哥唐腴庐。

酒桌上的这群人，其中的关系真是太复杂了。且不说徐志摩与陆小曼的关系。让人啼笑皆非的是，他们的朋友杨杏佛爱上了好友李祖法的妻子唐瑛。这三人的关系，与他、徐志摩、陆小曼的关系，如出一辙。

也不知刘海粟作何想法，居然把这些情感纠葛，关系微妙的人拢到一处。席间，他高谈阔论，说什么男女结合的基础是爱情，没有爱情的婚姻是违反道德的。夫妇之间如果没有爱情造成离婚，那么离婚后还应当保持正常的友谊。友谊与爱情是不同的范畴，不可混为一谈。最后说，今天请诸位好友欢聚一堂，便是讨论这个话题。

王赓漫无目的地走着，思绪也漫无边际。不知不觉竟走至黄浦江边。落日的余晖倒映在江中，像极了白居易的诗：一道残阳铺水中，半江瑟瑟半江红。可怜九月初三夜，露是珍珠月是弓。他又有些无奈地想，不知今日几何，也不知今夜是满月，还是残月。对于他来说，满月残月又有何分别？他的妻子早就背离了他，爱上了别的男人。他又何必去计较那一轮秦时明月，一夜圆来夜夜缺。

不是说前世有缘今生才能相遇？不是说只有月下老人牵了红线的男女，方能结为夫妻？既是前世的缘分，为何他与陆小曼走到了如此境地？月下老人的红线，原来也是易断的。

或许，他与陆小曼原本就是天空中的两片云，偶尔被风吹到了一处，又随风飘了散了。却在相遇的刹那，斑驳了彼此的心事，徒然留下了伤痛。

或许，他就是一个摆渡人。他人生的小舟，从此岸载上陆小曼，途中，徐志摩就是那旖旎风光中的一处长亭。她要下船，她要上长亭歇息，欣赏另一处美景。谁能说徐志摩不是她今生要到达的彼岸？而他王赓只能摇着一叶空舟继续前行，不能回首。

或许，陆小曼从来就没有爱过自己。散就散了罢，千里搭长棚，没有不散的筵席。月圆了就会月缺，花开了终须花谢。这世间，有多少情义可以终老？有多少誓言经得起岁月的消磨？那长相厮守、白头偕老的婚姻，又岂能因一人小心维系而得圆满？

或许，这就是天意，就是缘分，就是命。既是命中注定了的，人又如何拗得过？一切随缘是一种智慧、一场修行。顺其自然是一场功德、一种圆满。何不放手，让陆小曼归去？

放手？王赓蓦然想起，他曾经读到过古人的"放妻书"，放妻，即休妻。内容大致为：

凡为夫妇之因，前世三生结缘，始配今生为夫妇。若结缘不合，比是冤家，故来相对；即以二心不同，难归一意，快会及诸亲，各还本道。愿妻娘子相离之后，重梳婵鬓，美扫蛾眉，巧呈窈窕之姿，选聘高官之主。解怨释结，更莫相憎。一别两宽，各生欢喜。

当时一笑了之。今儿想起，方觉古人于豁达、超然之中的那分勇气，令人肃然起敬。那位"放妻"的丈夫不爱妻子么？隔着千年的时光，他分明感觉到那丈夫书写协议时的悲凉无奈与撕心裂肺的痛。

风，从江面缭绕而来，带几许清寒。王赓不觉得冷。他只觉得自己的思路从未有过如此清晰，心情也如头顶上的夜空，疏朗而辽阔。抬眼望去，江那边的天空，正悬挂一眉新月，像极了一叶扁舟。

2.志摩的欣赏

一连数日，徐志摩住在旅馆里，如困兽般焦躁不安。

那天餐后，刘海粟说了许多话，其他人说了许多话，他都没有听进去。他眼里心里，就只有一个陆小曼。他不顾王赓与陆夫人在一旁，就那么两眼痴迷地盯着她，生生似要把她吞进肚子里去。后来，王赓走了，陆小曼与她母亲也走了。他的心便如风雨中飘摇的小船，没有航标，没有方向，不知向何处停靠。

神情恍惚的，徐志摩来到杭州，来到西湖边。许仙就是在此遇见白娘子的。他为何不能等来他的眉儿？费尽周折，托人捎信给陆小曼，约她来杭州相会，可等了几天依然不见佳人倩影。

徐志摩坐卧不宁。到了此时，他更不相信刘海粟能帮他，唯恐陆小曼回到王赓怀抱，忘了对自己的承诺。他心慌、心痛到咬牙切齿：眉，你是我的！你说过，你的身体，你的灵魂将永远属于我，这还不曾实践。眉，你决不能随便堕落了。小冤家！你为什么还不来？为什么还不来？

夜，他徘徊在西湖边，希冀遇到他的白娘子。

月亮，是有灵性的。秋月，更以它清寒的光辉来点染它的明媚与洒脱，给天下的才子文人以无限的想象。古人说，游西湖是晴湖不如雨湖，雨湖不如月湖，月下西湖有着别样的韵致。

可惜今夜无满月，不能赏月湖了。徐志摩遗憾地想。他抬眼望向夜空，天边的一钩弯月，像极了他爱人娟秀的眉。可他的眉儿此时在做什么呢？是像我想她一样在想念着我？还是依在丈夫怀中赏月？想到此，他的心又陡然的失落，直掉进碧幽幽的湖底。他向着湖水大声地问：你到底是谁的？折磨得我形销骨立。夜空深邃辽阔，弦月静静地悬挂天边，湖水烟波浩渺。谁也不能回答他执拗地问，夜空不能，西湖水不能，那一眉月也不能。

徐志摩于万般无奈中回了北平。

这日，虽是秋阳高照，却也有几许寒冷。徐志摩躺床上，似睡非睡，满脑子都是陆小曼的浅颦轻笑，佯怒薄嗔。忽听房门拍得震天响，开门见是曾经留学英国时的好友陈博生。

徐志摩笑道："原来是你！这样敲门，我的门都要破了。"

"敲了半天，你听不见。只有用力拍了。"陈博生拉把椅子坐下，"也不知你在想什么，那样入神。"

徐志摩倒了茶来："别管我想什么了。你来做什么？"

陈博生接过茶杯："你忘了去欧洲前答应我什么了？"

原来，陈博生是《晨报》社编辑处主任。因《晨报副刊》编辑孙伏园先生与学艺部主任刘勉己闹翻，去了《京报副刊》。《晨报副刊》就由刘勉己代编，但这终非长久之计。在徐志摩去欧洲之前，他就邀请徐志摩做《晨报副刊》的编辑，今日特来重提此事。

徐志摩心不在焉："我早就想办一份报，名称都拟好了，叫《理想月刊》或《新月》。不是没有人力，也不是无资金。只是我心神不定没办成。"

说话间，胡适、陈西滢等人来了。

陈西滢道："博生说请你编辑《晨报副刊》，有人说你东飘西荡的，不像个能坐下来办报纸的。我深以为是。"

徐志摩两眼直瞪着他。

陈西滢笑笑："你别这样凶狠狠地看我，我还未说完呢。不仅有人反对你办副刊，认为连副刊都不要办了。这倒激起了我的好胜心。我赞成你办。第一步把别家的副刊逼死了，再掐死自己的副刊。从此人类可免却副刊的灾难。"

胡适笑骂道："你赞成就赞成，说这许多废话！"

陈博生见他不为所动，急道："假如你另起炉灶办报纸，就算你有钱，不管是理想还是新月，都得先准备贴钱进去。而《晨报副刊》是现成的。你还可以拿薪水，免得落在人家口里，做个无业游民，岂不是两全其美！"

胡适慢悠悠地说："以你的能力，哪有办不成的？我劝你收拾起心情，做点正经事。日子充实，也不会整日想东想西的。"

徐志摩搔着后脑勺："你说得倒也实在。我就做着试试。只是每日一张报也着实有点难。"

胡适又道："我看北京大学的教职，你也一并接了。"

徐志摩一摆头："接就接了！我这半年立志不受'物诱'。办我的报，教我的书，多少做一点点人的事业。要不然，游手好闲的，真没脸子见朋友了。"

1925年10月1日，《晨报副刊》出刊。第一篇就是徐志摩的《我为什么来办我想怎么办》，向读者表明自己的办刊态度。

徐志摩与前任刘勉己交接时，发现一个本子，里面是沈从文的几篇文章。他特别喜欢其中的一篇《市集》，便在晨报上刊了，并在正文后面写了一段小文，名为《志摩的欣赏》：

> 这是多美丽，多生动的一幅乡村画。作者的笔真像是梦里的一支小艇，在波纹瘦缣缣的梦河里荡着，处处有着落，却又处处不留痕迹；这般作品不是写成的，是"想成"的。给这类的作者，批评是多余的：因为他自己的想象就是最不放松最不出声的批评者；奖励也是多余的：因为春草的发青，云雀的放歌，都是用不着人们的奖励的。

沈从文在报纸上读到自己的《市集》，忙写信给徐志摩，说这篇稿子在别处发过。若读者指责，责任是他没有说清楚，而不在晨报副刊。

徐志摩把沈从文的信当作声明发在副刊上,又在文末附了一小段文字,落款为志摩:

　　从文,不碍事,算是我们副刊转载的,也就罢了。有一位署名"小兵"的劝我下回没有相当的稿子时,就不妨拿空白纸给读者们做别的用途,省得揽上烂东西叫人家看了眼疼心烦。我想另一个办法是复载值得读者们再三读乃至四读五读的作品,我想这也应得比乱登的办法强些。下回再要没有好稿子,我想我要开始印《红楼梦》了!好在版权是不成问题的。

　　凡是想说的话,就在登载的文章后面附上几句,这便是徐志摩编《晨报副刊》的风格。通常人们看报,只看印出来的文章,并不知如何编辑。徐志摩不光让读者知道报纸是怎么编出来的,还让读者知道他是怎么想的,甚至告诉读者某些稿子的来历。这就好比演戏,别人只是让观众看台上的戏,他却台里台外,凡是可看的东西,全让观众看了。这就难怪他编的报纸分外热闹,分外引人阅读的兴味。

　　徐志摩依着他的性情,把《晨报副刊》当成了与朋友们玩乐的场所,硬是玩成了当时著名的报纸副刊。

　　这天,徐志摩正在浏览报纸样刊,闻一多与蹇先艾来到报社。

　　闻一多笑道:"前几日我们去看刘梦苇,他与朱湘、饶梦侃几个想办一个《诗刊》。"

徐志摩笑道："那好啊！"

"你听我说完。"闻一多说，"好是好。只是有两个问题难以解决，一是经费；二是北洋军阀段祺瑞正当权，办刊物要呈报备案。你知道，段祺瑞一向视新文学运动为'洪水猛兽'。他能同意？"

徐志摩摇头，从一堆稿纸中抽出一张："3月18日，段祺瑞滥杀无辜，连十三岁的儿童也不放过。我写了首诗纪念死难者。"

"所以，"塞先艾接道，"大伙儿推我俩来找你商量，借你的晨报先出一个周刊。你原本就是一流的诗人，就由你编。你看如何？"

徐志摩哈哈大笑："你恭维得恰到好处。那就请诸位大诗人提供诗稿。下周先出一期试试。"

《诗刊》正式出版时，占用《晨报副刊》一期的版面。徐志摩请蒲伯英老先生题写刊头。老先生将诗刊写成了《诗镌》。这一错，倒使《诗镌》在众多的诗刊中得到一个别致新颖的名字。

徐志摩纪念死难者的诗就刊在《诗镌》上：

梅雪争春（纪念三一八）

南方新年里有一天下大雪，

我到灵峰去探春梅的消息；

残落的梅萼瓣瓣在雪里腌，
我笑说这颜色还欠三分艳！

命运说：你赶花朝节前回京，
我替你备下真鲜艳的春景：
白的还是那冷翩翩的飞雪，
但梅花是十三龄童的热血！

3. 梁任公的婚礼祝词

忙碌时，日子倒也好过。一闲下来，徐志摩那颗多情而抑郁的心，便又翻腾起来，于思念中寻找、梳理与陆小曼在一起的旖旎时光。在温馨的回忆里，一次次肝肠寸断。

烟火红尘中，有多少风花雪月的故事，在平淡中悄悄逝去。有多少爱恨情愁，被时光铭刻在心底。又有多少痴情，空守着一句诺言，在未知中默默期待。

徐志摩彷徨、惆怅，不见伊人的容颜，不闻伊人的笑语。读着陆小曼的日记，用文字重重叠叠的堆砌着无尽的思念与忧伤。

"志摩。"一声轻唤，如三月枝头黄莺的婉转啼鸣。

徐志摩抬头，陆小曼就在身边，亭亭玉立，巧笑嫣然。

他如在梦中，迷茫地问："眉！是你么？"

陆小曼抬手为他拉抻衣领，含笑嗔道："不是我还能是谁？你叫我好找！若不是在《晨报副刊》上读到你的文章《迎上前去》，如何得知你在晨报社？"又轻声道，"我与王赓离婚了。"

有时，幸福来得毫无征兆。

徐志摩怔怔地。

陆小曼嗔道："我已是自由之身了。你不高兴么？"

徐志摩双手用力搓了几下脸庞，确定不是在梦中，一把揽过陆小曼，紧紧拥在怀里："当然高兴。你终于是我的了，是我的了。"

1925 年 11 月间，徐志摩在北平中街租了一处院落，陆小曼搬来同住。

有情人在一起，天天有美景，夜夜是良辰。他们用青春、用真情、用诗歌给自己的人生涂抹了一笔最浓郁、最亮丽的色彩。哪怕历尽艰辛，也无怨无悔。

徐志摩一面在北大任教，一面做《晨报副刊》编辑。有陆小曼在身边，他这一时期的诗文，更是气定神闲，文采飞扬。

原先松树胡同七号的俱乐部已经撤销，徐志摩的新家，便成了新月社朋友们聚会的地方。

这天夜间，朋友们散去后，陆小曼迟疑道："咱们这个家，是挺热闹的，可到底是要举行了婚礼方才名正言顺。"

徐志摩深情款款地说："眉，你奔我而来，我岂能不懂？岂能不珍惜？我必定给你一个明媒正娶的婚礼。"

陆小曼眉眼含笑："这也是我父母的意思。"

徐志摩心里明白，陆家已经接受了他这个女婿。他的父母却不肯接受眼前这个儿媳。父亲不开口，他便不敢举行婚礼。"我们的婚礼也要得到我父母的祝福。我父亲最信服胡适了。近日他正要去南方治疗痔疾，我这就给他写信，托他去劝说父亲来北平，上你家求亲。"

胡适表面上似乎说服了徐申如。但老先生要得到张幼仪的明确表态，才能决定是否同意这门婚事。

在徐申如眼里，无论是徐志摩在柏林签署的离婚文书，还是回国后在《新浙江报》上的离婚声明，都是不算数的。张幼仪是他徐家通过三亲六党公认，明媒正娶的儿媳。离不离婚，都是他徐家的儿媳。只要她说不同意离婚，徐志摩就别想跟陆小曼结婚。

徐申如把他名下的财产分作三份，老辈留一份，徐志摩一份，孙子阿欢一份。阿欢这一份由张幼仪管理，但张幼仪必须担负阿欢的教养责任。如终身不嫁，阿欢的一份即归之。若出嫁，只能划取若干奁资，阿欢及余产仍归徐家。这一条也得张幼仪同意才能生效。

1926 年夏天，上海的一家旅馆里，徐志摩与父母等来了张幼仪。

张幼仪已在欧洲待了五年，经历了人生中最惨痛的变故。如果说过去她只是贤惠，默默忍受生活给予的折磨。那么现在，她是以洞达坦然来面对一切人与事。

徐志摩坐在沙发上搓着双手，显得有些紧张。

张幼仪注意到他左手中指戴了一枚大玉戒指。绿莹莹的，像极了春天河边的草。

徐申如问："你和志摩离婚是真的吗？"

张幼仪心想，你其实什么都知道，只是要亲耳听了才算数。

她温和地答："是呀。"耳边传来徐志摩像是松了口气的呻吟。

徐申如有些迷惑，又问："那你反不反对他和陆小曼结婚？"声音里透着难过。

老人问的是反不反对志摩结婚，而不是反不反对志摩纳妾。

张幼仪听得清楚，平静地摇摇头："不反对。"

徐申如把头一扭。张幼仪看出他很失望。或许公公一直把她当作说服志摩痛改前非的最后一线希望罢。

徐志摩从沙发上跳起来，高兴得尖叫。他张开双臂，好像要拥抱这个美好的世界。不曾想，那只大玉戒指突然脱手向窗外飞去。他脸上的笑容瞬间变成了恐惧。这是陆小曼送给他的订婚戒指。他疯一样的冲下楼。

张幼仪从窗口看着楼下的院子，见徐志摩弯腰找来找去，半天找不到戒指。她的心沉甸甸的，无端地觉得这像是个什么预兆。

1926 年 8 月 14 日，农历七月初七乞巧节这天，徐志摩与陆小曼在北海董事会举行了订婚典礼。

1926 年 10 月 3 日，农历八月二十七，孔子诞生日。徐志摩与陆小曼在北海画舫斋举行结婚典礼。

画舫斋环境幽雅，宽敞明亮。来参加婚礼的人不多，但衣香鬓影，热闹非凡。赵元任与陈寅恪也专程从城外的清华赶来祝贺。金岳霖是伴婚人，原本是要请胡适做证婚人的，无奈他要去英国，只好推荐梁启超。

婚礼很简单，证婚人那一段祝词可不简单：

徐志摩、陆小曼，你们是曾经经过风波的人，社会上对于你们有种种的误会，你们此后要想法解除这种误会。爱情当然是人性，不过也只是人情中之一，除了爱情以外，人情还有许许多多。

徐志摩，你这个人性情浮躁，所以在学问上没有成就；你用情不专，以致离婚再娶……

梁启超措辞激烈。观礼的客人却为之大窘，都替陆小曼难过。

徐志摩脸红到脖子根。虽然事先知道老师会训斥，没料想会如此严厉。他低声恳求："请老师不要再讲下去了，顾全弟子一点面子罢。"

好在陆小曼昨夜睡觉前吃了安眠药，今天婚礼上仍懵懵懂懂的，只知梁启超证婚，实未听清他说了些什么。

徐志摩天生一副不记恨的心肠，婚礼结束，客人散去，也就把先生的话抛开了。今天，他满脑子的幸福快乐，因为他终于如愿以偿，终于明媒正娶抱得美人归。此生有小曼，夫复何求！

陆小曼陪了客人一天，回到家里，娇柔孱弱的她，疲惫已极。

徐志摩兴奋的心情则无法平静。他收拾了一下，进里屋却见小曼歪在床上睡着了。他竟起了诗兴，在一张写道：

> 她是睡着了——
> 星光下一朵斜欹的白莲；
> 她入梦境了——
> 香炉里袅起一缕碧螺烟。
>
> 她是眠熟了——
> 涧泉幽抑了喧响的琴弦；
> 她在梦乡了——
> 粉蝶儿，翠蝶儿，翻飞的欢恋。
> ……

九　海棠影下　浪漫诗人亦沧桑

1. 上海的新月书店

在徐志摩与陆小曼喜结良缘的同时，张幼仪回海宁硖石老家，把儿子阿欢接来北平，租了一处院落住下。

这天，张幼仪收到徐老爷的电报，要她带了女佣速去天津朝阳旅馆。

张幼仪不知何事，忐忑不安来到天津。见老爷老太太一脸的烦恼，心中疑惑，却不敢询问。

老太太见了张幼仪，如见亲闺女一般，絮絮叨叨地说开来："哎呀！幼仪呀，你是不晓得呀，那陆小曼太过分了！他们结婚后回到硖石镇，竟然要求坐红轿子！"

张幼仪当然知道老家的规矩。这种红轿子只有头婚的女子才有资格坐，并由六个轿夫抬，而不是两个人抬的普通轿子。但她不语，只微笑，安静地看着老人。

老太太愤愤道："不管我们徐家有钱没钱，她都没有资格坐红轿子！"她拉过张幼仪的手，"还有啊，那天吃晚饭的时候，她才吃半碗饭，就可怜兮兮地说'志摩，帮我把这碗饭吃完罢'，那饭已经残了，凉了啊！还叫志摩吃。

志摩吃了说不定会生病哪！"

徐老爷接道："更可气的是，吃完饭，我们正准备上楼休息的时候，陆小曼转过身子又可怜兮兮地对志摩说'志摩，抱我上楼'。"

"幼仪，你有没有听过这么懒的事情？"老太太提高了嗓门，颤声道，"这是个成年女子耶！她竟然要我儿子抱她！她的脚连缠都没有缠过哪！"

徐老爷在屋里走来走去，突然停在老太太跟前："你别说了，往后你儿子有好日子过了！"又对张幼仪道："你叫佣人收拾一下，我要坐下班火车离开这里。"

老太太长声叹息，似有无尽的忧愁："所以呀，幼仪，我们就到北方来找你啦！你是我们的干女儿嘛！"

张幼仪能说什么？她与徐志摩结婚七个年头，可作为夫妻之间的记忆何其短暂，又何其荒唐。

往事如烟。无论是愉悦的，还是恼恨的星星点点的记忆，终抵不过时间的遗忘。她只觉得徐志摩离她好遥远，遥远得像一个模糊的梦境。

她对他爱也好，怨也罢，所有的一切都飘零在她孤独而凄清的青春里，泪水早已风干在岁月的褶皱中。老爷老太太说起徐志摩与陆小曼，她像是在听别人的爱情故事。她的心宁静得如同冬日结了冰的湖，无处起波澜。

有的人，天生是一只永不停息的候鸟，情怀与归宿，永远只属于天空。你为他消得人憔悴，为他人比黄花瘦，也只能徒叹奈何。

又或许，他永远行走在风景之中。你只是他经过的一处风景，他的脚步从未为你停留。你也无须哀怨，就做一个安静、温柔的欣赏者，在他身后站成一树菩提，听彻阳关三叠，看淡春花秋月。

张幼仪把两位老人带回北平的家中。她知道徐志摩一定会反对，但别无他法。

果然，她刚把二位老人安顿好，就接到徐志摩的电话。

徐志摩在张幼仪面前，一向是口无遮拦，咄咄逼人："你写信给他们，要他们去找你，是不是？"

张幼仪不想解释："不对。我何必这么做？"

徐志摩恼怒道："你这样做，叫陆小曼多没面子！"

徐老爷并没有因为儿子的恼怒而回硖石小镇，反而在张幼仪住处的附近租了房子住下，如同几年前一家人住在一起。只是少了志摩，就当他在国外读书。

婚礼后，徐志摩原本想带陆小曼回老家过清闲日子的。徐老爷已经为他们另起了新楼，只是实在看不惯新媳妇的作派，相处不到一个月，两公婆便去投奔了北平的张幼仪。

1926 年 12 月间，整个中国的局势动荡不安。北伐军逼近海宁，孙传芳的部队也加紧备战。硖石一带处于战线中心，人们惶恐不安。徐老爷离开硖石时，并未给徐志摩夫妇留下日用花销。徐志摩也无权从公司支取款项。还是向舅父沈佐宸借了钱，乘船到了上海。住在一家旧客栈里，诸多不便，陆小曼如何受得了这个罪？搬至宋春舫的家，才觉舒泰些。

陆小曼自小养尊处优，过日子大手大脚惯了的，嫁给徐志摩后，并不懂得节省。

徐志摩始得美人，快乐至极。为图娇妻欢喜，并不肯拂逆于她，只暗自承担。除在上海光华大学教授英文，又在大夏大学兼职。在法租界花园别墅租了一座精致洋楼，与妻子住了进去。

北平的局势更是一天天恶化，军阀政府加紧了思想钳制。各大学校常年欠薪，许多学者纷纷离开北平，到了上海。

叶公超应暨南大学校长郑洪年之聘，来上海暨南大学任外文系主任兼图书馆馆长。暨南大学新迁到上海，提格为国立大学，急需人才。郑洪年是叶公超叔父叶恭绰的好友，梁实秋、刘英士、丁西林、饶孟侃等人前后汇集暨大，也就很自然了。

闻一多、潘光旦则在吴淞国立政治大学任教。胡适从美国归来，在日本住了月余，得知北平局势，便不再回北大，直接到了上海。如此一来，暨南大学倒像是新月派的大本营了。

一个周日下午，胡适、宋春舫、余上沅等人在徐家喝茶。闲聊之中，徐志摩突然问："我们新月社的人，是不是都来上海了？"

胡适笑道："可不，都来上海了。像是新月社搬了家。"

徐志摩在客厅里走来走去，一手抱胸，一手摸着下巴："我们何不东山再起？把新月社继续下去。"

余上沅兴奋道："说干就干！"

徐志摩见胡适含笑点头，思索道："我们何不办个书店，既印书，同时也代售名人名家的书籍。"见大家兴致颇高，又提议，"就叫新月书店，如何？"众人一拍即合。

1927年6月21日，上海《时事新报》青光副刊发表《新月书店》一文，首次向外界介绍新月书店。27日和28日，《申报》连续两天刊出《新月书店启事》。新月书店第一批出版的书，有徐志摩的诗集《翡冷翠的一夜》和散文集《巴黎的鳞爪》。

世人只读过徐志摩的诗，却不知他散文也是极好的。叶公超有"我总觉得志摩的散文是在他诗之上"之说。他散文的特点是恣肆汪洋，不拘成法，意兴所至，文采斑斓。

他的语言色彩亮丽，紧傍着灵动的思绪上下翻飞，酣畅自然。词语虽不奇特，句子也不太规则，或许正是这不规则，恰恰触到了事物的本质，让读者眼前一亮，会不由得拍案叫绝。

2. 翁瑞午的推拿术与鸦片烟

国民政府于1927年4月定都南京。上海与之比邻，政府官员也好，商人也好，往返便利，十里洋场更见繁华。繁华之地，温柔之乡，若没有美貌女人，就少了几分诗意与乐趣，也就少了几许温柔与缠绵。自古以来，江山与美人，总是相映成趣，也总是激励着一代又一代的英雄豪杰不惜一切代价去追逐，去争夺。

当时，著名的交际花有"南唐北陆"之称。南唐指唐瑛，北陆就是陆小曼了。陆小曼以她的名气和气质，一到上海，便名满江南。

上海滩的戏子，是供有钱人娱乐消遣的，总是低人几等。票友就不一样了，票友演戏却是极风雅之事。若再冠以赈灾之名，便属高尚了。有些阔太太为募捐赈灾演戏，会亲自登门请陆小曼出来捧场。因此，陆小曼很快就结识了雕塑家江小鹣，医生翁瑞午等票友。

陆小曼首次演出是在恩派亚大戏院，演昆戏《思凡》。后与江小鹣、李小虞合演《汾河湾》。每次义演，无论有多少位名票在前面，也必推她压轴。

其实，陆小曼并不曾拜师学平剧，仅在北平拾得一点牙慧。只因她艳名高帜，受人喜爱。也有一些崇拜者，不分男女，都以一睹陆小曼颜色为荣。更兼她生性豪爽，捧角时一掷千金，捧红了诸多女艺人。

这日演《玉堂春》。陆小曼扮苏三，不想旧病复发，晕倒在后台。

众人正乱时，江小鹣叫来扮演王金龙的翁瑞午，只见他在陆小曼头上，身上推揉几下，陆小曼便清醒过来。

翁瑞午生于1899年，字恩湛，吴江人，翁绶祺之子。20多岁便在上海开业行医。平日以汽车代步，令人瞩目。擅长行书、小楷、花卉，诗文出口成章，富收藏。和张大千、赵眠云、江小鹣等人交情深厚，颇得梅兰芳赏识。是名满上海滩的文人公子。

最奇的是，他曾随丁凤山学过中医推拿。在其面前摆一叠砖，他一掌击下，可教其中所预定之某块碎掉，而上下诸砖都保持完整。据说，练就此功后，他在给病人推拿时运用体内之气，有独到的效果，往往手到病除。

陆小曼经他按摩推拿一番，不仅头不晕了，精神也倍感清爽。以后再发病，便都由翁瑞午出手救治。

徐志摩不曾料到的是，陆小曼几乎是在瞬间就适应了上海的上流社会。似乎她天生就是这烟柳繁华地、温柔富贵乡的宠儿。她又恢复了在北平时以夜为昼的生活，整天被一些仰慕者包围着。跳舞，唱戏，捧角，喝酒，打牌，不到天亮不回家睡觉，不到下午五点钟不起床。

陆小曼有胃病，发病时，痛得呼天抢地。徐志摩遍访名医而不治，便想到了翁瑞午，以为他的推拿术能医治妻子的顽疾。

翁瑞午却带来了一杆精致的鸦片烟枪。

陆小曼眯着一双会笑的眼睛，天真地问："这是要做什么？"

翁瑞午装了烟土，就着灯，点着了，递给她。这一系列的动作娴熟自然，脸上是温和儒雅的笑："你抽几口试试。"

陆小曼是信任翁瑞午的，接过烟枪便吸。片刻后，胃不痛了，思维清晰了，通体舒坦了，心情也莫名地好了。从此，她的生活再也离不开两样东西：翁瑞午的推拿术与鸦片烟。

翁瑞午本是世家子。其父翁绥祺，字印若，光绪十七年（1891）举人，历任桂林知府。酷爱金石、书、画，尤精鉴古，善画山水，家中藏画颇丰。陆小曼喜丹青，翁瑞午则时常赠其名画，以博欢心。

有朋友发现了端倪，告之徐志摩，让陆小曼远离翁瑞午。

徐志摩天性洒脱，从不疑人。他回道："夫妻关系是爱情，朋友关系是友情。瑞午给小曼推拿，即便是罗襦半解，妙手抚摩，那也是医病，无嫌可避。"

徐志摩原是很自信的。他相信自己能改变陆小曼，提高陆小曼为人处世的格调。他总是鼓励陆小曼写作，把心思用在高雅的事情上。然而，每当拿起笔，她不是头晕，就是心跳，瞪着一双妩媚的大眼睛，无辜地盯着徐志摩。

徐志摩太爱她了，往往是笑着扶她去休息："好了，好了。太太，我真是拿你没办法。"

1927年底，陆小曼做主在高级住宅区四明村租了一幢公寓。每月租金银洋一百元左右，其父母也搬来同住。

1928 年元旦前一天下午，徐志摩从外面回来，意外地发现陆小曼竟然在家。而且，家里高朋满座。

徐志摩天性喜欢热闹，有朋友来访自然高兴。大客厅里有打牌的，小厢房里有抽大烟的，他都笑着打招呼。

"眉儿，"徐志摩揽过陆小曼，"我送你一件新年礼物。"

陆小曼喜道："是首饰么？"拆开包装，是一本《曼殊斐儿日记》。扉页上有徐志摩的题字：一本纯粹性灵所产生，亦是为纯粹性灵而产生的书。

陆小曼轻哼一声："曼殊斐儿高雅圣洁，光彩照人。是你所敬仰之人，却不是我的。"随手将书扔向一边。

徐志摩一愣，但仍然笑道："昨夜，我为你写了新诗呢！"

书桌上堆满了杂物。他怎么也找不着昨夜那页诗稿。

陆小曼抚弄着纤纤玉指上的蔻丹甲，漫不经心地："你不用找了。如今我也打不起精神来读你的诗。你的诗写得再好，毕竟当不得衣穿，当不得饭吃。"说完，自去看朋友打麻将。

他的诗当不得衣穿，当不得饭吃。她说得不错。徐志摩却感到浑身的血液裹着一颗渐冷的心直往下坠。

曾经，他写的诗文，只要她说句"这篇不大好"，他便不发稿。有次陆小曼问他："怪不怪我老是这样苛刻的批评你？"他说："我非但不怪你，还爱你能时常的鞭策我，不容我有半点虚浮。因为只有你肯说实话，别人是老一味的恭维。"

可就在刚才，她说，再也打不起精神读他的诗了。

这个曾以真善美滋养了他的诗魂的女子。他曾以为是最纯真、最柔弱、最朴素、最高贵的女子，可以做他灵魂伴侣的女子。如今，她那纯真、朴素、高贵的性灵呢？

是的，生活不仅仅只有风花雪月，还有柴米油盐。生活也不仅仅只有琴棋书画，还有一堆剪不断、理还乱的苟且。然而，他可以凭借内心的纯真与激情，凭借坚贞的爱情，浪漫诗意的栖居在红尘俗世之中。

他不知自己以前对爱情的追求与信仰是对？还是错？生活中的真爱，自由与美，是遥不可及？还是如梦幻泡影？又或许，以前的陆小曼太美好，太纯洁，太高贵了。上天借命运之手，给她涂抹了一层世俗的色彩。

此时此刻，在徐志摩心里，过去的日子，无论是幸福还是痛苦，无论是得到还是失去，都被一场现实的火烧成了灰烬，正一点一点地随风飘散，不留一丝一缕的痕迹。

3. 竟不知她这样挥霍无度

徐志摩在杭州府中学时的同学郁达夫，与新婚妻子王映霞，刚刚搬进赫德路嘉禾里前弄的新居，与徐志摩的家相距一里之遥。

春天的傍晚，温馨而诗意。郁达夫与娇妻饭后散步，满足中透着悠闲。他指着四明村那一幢幢豪华美观的公寓说："徐志摩和陆小曼就住这里。"

华灯初上，公寓楼群在暮色里显得金碧辉煌。王映霞叹道："四明村可是高级住宅区啊！"又含笑看着丈夫，"陆小曼原是北平有名的交际花，是有夫之妇。竟不畏宗法家规，与徐志摩相好。徐志摩横刀夺爱，最终赢得了美人芳心。这可是一段传奇。"

郁达夫弃结发妻子孙荃，再娶王映霞，也颇费了一番周折。

此刻，他看着年轻貌美的妻子，觉得所有的付出都是值得的。见她说起徐志摩与陆小曼，因笑道："忠厚柔艳如小曼，热情诚挚若志摩，遇合在一道，自然要发放火花，烧成一片了。哪里还顾得到纲常伦教？更哪里还顾得到宗法家风？当这事在北京的交际社会里成话柄的时候，我就佩服志摩的纯真与小曼的勇敢到了无以复加。记得有一次在来今雨轩吃饭的席上，曾有人问起我对这事的意见。我就学了《三剑客》影片里的一句话回答他，'假使我马上要死的话，在我死的前头，我就只想做一篇伟大的史诗，来颂美志摩与小曼'。"

王映霞盯着郁达夫，似笑非笑："这样说来，我倒想见见，这个令才情超拔的徐志摩疯狂，令风流才子郁达夫痴迷的陆小曼，到底是怎样的人间尤物。"

郁达夫挽了妻子的手，哈哈笑道："胡适曾说'陆小曼是北京城一道不可不看的风景'。走，去志摩家喝茶看风景。"

徐宅门前，两盏方格子镶嵌的玻璃灯闪着柔和的光。楼下小花园里有两株西府海棠，正花蕾红艳，似胭脂点点，隐着一股娇羞动人的妩媚。

两位衣着入时，年轻俊俏的女子正在客厅里忙着。见有人来，忙笑脸相迎，施礼问好。

郁达夫是来过的，不用通报，携了王映霞直上二楼。

二楼是一个统厢房，一色的红木家具，两扇玻璃长窗使房间更加宽敞通透。进门便是一副博古架，陈列着古玩名酒、文房四宝、名贵花卉。壁上挂有梁启超的字，刘海粟的画，也有陆小曼自己画的山水。

书房中的一幅照片令王映霞惊诧。照片上的女子身着舞衣，浓妆艳抹，单腿跪地。手中的托盘上，装着一个人头。

这美得惊世骇俗的女子，便是红遍上海滩的俞珊。俞珊喜欢话剧，非常崇拜徐志摩。曾经为演《卡门》向徐志摩请教，常住徐家。陆小曼觉得俞珊太肉感，于无形中自有一种诱惑男人的力量，便劝丈夫离她远点。

徐志摩则说："你要我不接近俞珊很容易，但你也管着点俞珊呀！"

陆小曼却道："俞珊是只茶杯，茶杯没法儿拒绝人家不斟茶的。而你是牙刷。牙刷就只许一个人用，你听见过有和人共用的牙刷吗？"

陆小曼这番茶杯与牙刷的比喻，在朋友圈里流传开来。王映霞自然也听过，见了墙上俞珊的照片，脸上露出一抹不易觉察的微笑。

厢房的一角特意隔出一个小吸烟室，内设一榻。此时，陆小曼与翁瑞午面对面歪在榻上，各执烟枪，共一盏灯，正吞云吐雾，欲仙欲醉。两名年轻女子侍候在一旁，穿着打扮与楼下女子一模一样。

王映霞这才明白，这两名女子与楼下的女子，均是徐家的女佣。若不是见她们低眉顺眼地侍候主人，单看她们的穿着打扮，还以为是主人家的小姐。

陆小曼秀眼迷离，见郁达夫带一位美貌女子立于榻前，吃了一惊。但仍然不慌不忙地吸了几口才收了烟枪，慢悠悠地起身。吩咐女佣沏茶待客。她早就听说郁达夫娶的第二位夫人，是素有"杭州第一美人"之誉的王映霞。今儿眼见之下，果然名不虚传。

王映霞身材高挑，肌肤如雪，一双明澈的眼睛里，笑意盈盈。尤其是那一袭雪青色旗袍，裹着丰满圆润的身躯，娴静中显出一段风流韵致。

陆小曼啧啧叹道："真是闻名不如见面！看你这肌肤，洁白润泽，难怪人们称你为'荸荠白'，我见了都想吃一口。"

王映霞心里得意，脸上笑绽桃花，口中却道："徐夫人才是名满天下的美人儿呢！"

陆小曼携了王映霞的手往楼下客厅来。翁瑞午早放了烟枪，跟在郁达夫身后下楼，告别众人，径自离去。

陆小曼知他夫妇把一切都看了去，带几许自嘲："吃鸦片烟不是好事，我也是偶尔为之而已。我是多愁善病的人，患有心脏病和严重的神经衰弱。一天总有小半天或大半天不舒服，不是这里痛，就是那里痒。有时竟会昏迷过去，不省人事。在北平时，曾经住过一年多医院，简直把医院作为我的家了。喝人参汤，没有用。吃补品，没有用。瑞午劝我吸几口鸦片烟，说来真神奇，吸上几口就精神抖擞，百病全消。"

王映霞与她初相识，自觉不便评判鸦片烟的好歹，只含笑听着。

郁达夫扯开话题："志摩不在家么？来半天了，不见他呢。"

陆小曼嘴角浮一丝冷笑："他呀，整天忙得很。"

这时，陆夫人从楼梯右侧的房间出来，含笑招呼。接过女儿的话："做几份工作，能不忙！"

陆小曼正想说什么，一名女佣走近道："小姐，有电话。"她便起身去小会客室。

陆夫人看着女儿慵懒的背影，面呈忧虑。转头对郁达夫道："你与志摩小曼是好朋友，劝劝她罢，这日子过的……"

郁达夫见她欲言又止，猜不透她想说什么。因笑道：

"夫人，他们的小日子过得很好啊！"

陆夫人拧眉道："小曼不知当家难，用钱无度。志摩在上海光华大学任教，又在大夏大学兼职。几处跑，累死累活，就那点收入，哪里经得起她折腾！家里有小轿车，有司机，有厨师，连同男女佣人共有十人，这些都不要钱养的呀？"

郁达夫一时无语。

陆夫人又低声道："昨天去逛街，一下子就买了五双高级女式皮鞋。每个月至少得花银洋五百元，有时则要六百元。这个家难当，我实在当不了。"

王映霞心里略略算了一下，五百元银洋，可以买六两黄金。

从徐家出来，郁达夫像是自言自语："多买几件衣服鞋帽倒无所谓。只是吸鸦片烟，有多少富贵人家不是吸穷的？我竟不知她是这样挥霍无度的人。真是苦了志摩了。"

十　沉沦烟海　昔日名媛难救药

1. 我要飞，我要自由自在

女人最具好奇心。

王映霞在日记中写道："家里每月开支为银洋二百元，折合白米二十多石，可说是中等以上家庭了。其中一百元用之于吃。物价便宜，银洋一元可以买一只大甲鱼，也可以买六十个鸡蛋，我家比鲁迅家吃得好。"

她忍不住想，陆小曼每月开支五六百银洋，那又是怎样的日子！鸦片烟究竟是什么样的东西呢？令人倾家荡产却欲罢不能，令人憔悴枯萎却又放不下。

王映霞收起日记本，坐在梳妆台前。她端详着镜子里的女人莹白而红润的脸庞，笑了。暗想，都说陆小曼是美人，可她苗条的身段未免单薄，苍白的面容带几许病态，说话的声音很好听，却是懒懒的。怎比我从内心到身体都健康饱满？

她换了件浅蓝色旗袍，到书房门口问："达夫，我要去小曼家，你看我穿这身旗袍如何？"

郁达夫含着笔头，笑道："这颜色真配你，衬得肌肤光洁如玉。旗袍剪裁得也合体,穿在你身上,丰盈不失清雅。"

王映霞嗔道:"就你能说会道,也不知骗了多少女人。"

"把你骗到手,我就知足了。其他女人不值得骗。"

王映霞很满意。出门往徐宅而来。

陆小曼的卧室,低垂着暗红色金丝绒窗帘,厚重而阴沉。午后的阳光照不进来。她早已醒来,只是不想动。忽然想起约了王映霞来喝茶的,这才翻身起床。

王映霞已在楼下客厅等候。

陆小曼的贴身侍女下楼吩咐:"小姐起床了,叫奶妈上去,还有豆腐也端上来。"

王映霞听了奇怪,陆小曼又没有生孩子,要奶妈何用?待那侍女与奶妈上楼了,她问在客厅使唤的女佣。

女佣悄声回道:"我家小姐不吃牛奶,只吃人奶。"

王映霞目瞪口呆。又好奇地问:"那一整板的新鲜嫩豆腐又作何用?"

女佣看了看楼梯,回头依然悄声道:"小姐抽了大烟后,鼻子下面会有两道黑色的印迹,难看得紧。她就用一板嫩豆腐揉擦,直把印迹擦得看不见了,再抹上蛋清,过后再洗脸化妆,画眉毛要用淡赭色的眉笔。"

王映霞暗自惊叹。

她抬眼望向门外小花园。海棠花期短,那两株西府海棠已凋谢殆尽。树下是枯萎的花瓣，枝头已生出嫩绿的叶片。她心里徒然生出几许怅惘。无论人们如何留恋春光，如何难舍鲜花美景，季节总是在不断地更迭。花开了，花谢了。叶翠了，叶落了。岁月无声，可岁月何曾饶过人？尤其是女人。女人尚且不如枝头上的花朵。花儿谢了，来年可发。女人的青春美貌，如逝水东流，一去不复返。若是没日没夜地作践自己，那青春美貌又岂是人奶、豆腐留得住的？

王映霞一壶茶喝到寡淡，陆小曼才姗姗下楼。

陆小曼今天睡足了起床，又精心化了妆，与前几日从烟榻上下来，判若两人。

她款步行来，微笑着问好。端庄高雅，仪态万方。

王映霞特别留意她的眉毛，果真如那女佣所说，淡赭色的眉毛，显得自然、温柔，见之难忘。不由得叹道："志摩得美人如你，真是前世修得的艳福。"

陆小曼却叹道："你只看到表面现象，如何知道我过的日子。"

王映霞不解地看着她。

她的声音如同她的心事一样缥缈："我与他从自由恋爱到结婚，这其中的艰难曲折，想必你早就听说了。"

王映霞不知如何评判她的恋爱，微笑不语。

陆小曼接着说："照理讲，婚后生活应该过得比恋爱时更甜蜜幸福，实则不然，婚姻成了爱情的坟墓。志摩是浪漫主义诗人。他憧憬的爱，是虚无缥缈的爱，最好永远处于可望而不可即的境地。一旦与心爱的女子结婚，幻想随之泯灭，激情消退，生活便成了一杯淡而无味的白开水。"

王映霞笑道："你跟志摩一样浪漫，并且比他敏感。依我看，志摩努力工作，就是为了让你的日子过得幸福快乐。"

陆小曼双眉微蹙："你说的也对。女人天生敏感，他爱不爱我，只有我自己知道。他对我不但没有过去那么好，而且还干预我的生活，叫我不要打牌，不要抽鸦片。"

王映霞忙道："志摩那是关心你的身体。"

"你哪里知道。公公婆婆把志摩与幼仪的离婚，归咎于我。这可是天大的冤枉。他们离婚在前，我与志摩相识在后。公婆却视我如仇人。"见王映霞一脸惊诧，又提高声音，"我更受不了志摩管头管脚。我过不了这样拘束的生活。我是笼中的小鸟。我要飞，飞向郁郁苍苍的树林，自由自在。"

王映霞愕然。当初你跟王赓在一起时，认为婚姻是牢笼。为了向往自由，离了婚嫁给徐志摩。如今又要自由，又要飞。你理想中郁郁苍苍的树林，到底是怎样的？它又在哪儿呢？

王映霞是郁达夫的第二任妻子。跟徐志摩一样，郁达夫也是经过了多少曲折，才抱得美人归。至少，她目前很满意郁达夫给她的生活环境。

陆小曼见王映霞低头沉思，忙笑道："不说这些不高兴的事了，我们去看戏罢。"拉了她就走。

2. 上海这种疏松的生活，实在要不得

徐志摩回家见不到妻子是常事。自到上海，陆小曼似乎比他更忙，忙着演戏，跳舞，打牌，捧角，抽鸦片烟。搬到四明村后，他们再也没有携手散步了，他想与她出去吃餐饭都成了奢望。

为了挣更多的生活费用，徐志摩又应聘到苏州东吴大学讲授英国文学。同去东吴大学的有胡适、金岳霖、潘光旦等一干新月人马。

下午在回上海的车上，胡适见徐志摩一脸愁容，禁不住问："志摩，小曼还在吸鸦片烟么？"在他眼里，徐志摩从不知忧愁为何物，自娶了陆小曼，竟像变了一个人。

徐志摩苦恼道："怎么不吸？烟瘾越来越大了。"

"你要让她离开翁瑞午。那不是个好人。哪有劝朋友吸鸦片烟的？"

徐志摩不语。他如何回答？说妻子离不开那个陪她吸鸦片烟的男人？还是妻子离不开鸦片？

十年修得同船渡，百年修得共枕眠。这共枕眠的夜何其短暂，又何其凉薄。花前月下的誓言还在耳边萦绕，相偎相依时的深情爱恋还余温未尽，那至死不渝的三生约定和一同走过的艰难日子，却随三月的柳絮飘散得无影无踪。云倦了，有风扶着；风倦了，有山托着。若一个

人的心碎了呢？肠断了呢？何处补？又谁能续？

爱一个人，若仅仅只爱她的身体，那这份爱已就到了顶点了。厌恶一个人，若已经厌恶她的身体，那么，这厌恶也一样到了顶点。

莫非人与人的相遇相爱，真的只是春天一场姹紫嫣红的花事？真的只有一朵花开花谢的时间？花开的喜悦，还未来得及释放，就要承受花谢的悲哀。人生如梦，世相迷离。没有永恒的爱情，也没有绝对的幸福。有的只是磨难，遗憾，痛惜与无可奈何。可烟火中人，又有几人真的能做到随心，随性，随缘？或许，这此间种种就是修为，就是历练，也就能圆满？

徐志摩坐在零乱的书桌前，心绪如书桌一样零乱。在一张纸片上，他随手写下他婚后的生活：

生　活

阴沉，黑暗，毒蛇似的蜿蜒，
生活逼成了一条甬道；
一度陷入，你只可向前，
手扪索着冷壁的粘潮，

在妖魔的脏腑内挣扎，
头顶不见一线的天光，

　　这魂魄，在恐怖的压迫下，

　　除了消灭更有什么愿望？

　　1928 年 6 月中旬，徐志摩随好友王文伯登上了一艘加拿大的航船，开始了他人生的第三次欧洲之旅。

　　第一次是满怀求学报国的愿望启航。第二次是逃避麻烦，更确切地说，是为了追求美好，自由的爱情去避难。那么，这第三次离开故国，又是为了什么呢？

　　徐志摩倚着栏杆，看着越来越远的码头，心越发沉重。上海，最繁华的大都市，人间的富贵乡温柔地，曾给过我向往与理想，令我为之奋斗。如今，却残忍地在我心头留下一道不可愈合的伤口。而你的一草一木，一花一叶，甚至一滴水，我都不曾拥有。只带着满怀的忧愁与无奈，独自漂泊天涯。

　　轮船行驶在广阔无垠的太平洋上。灿烂的阳光铺天而来。海鸥在雪白的浪花间嬉戏翻飞。在这辽阔的水天之间，海风的手，抚平了他微蹙的眉头。他的心又开朗起来，似乎又看到了生活的曙光。他的眉儿一定会改掉一切陋习，回归那个美丽、善良、高贵的性灵。他在甲板上盘腿而坐，殷殷切切地写道：

　　眉：

　　　在船上是个极好反省的机会，我愈想愈觉得我们有觉悟的必要。上海这种疏松的生活，实在是要不得，我非得把你的身体先治好，然后定出一个规模来另辟一个世界，做些旁人做不到的事业。

一事无做是危险的，饱食暖衣无所用心，决不是好事。你这几个月身体如能见好，至少得赶紧认真学画和读些正书。要来就得认真，不能自哄自，眉呀，我切实的望你能听摩的话。

8月中旬，徐志摩到了英国伦敦，在罗素家住了一夜，第二天便来到剑桥。旧地重游，心头别是一番滋味。

那年那月那时，康河岸边，风前月下，花牵衣袖可有香迹追寻？那斜阳晚照碧波上的倒影，那雨后彩虹飞跃时的飘逸。还有，那绿柳含烟里的莺莺燕燕呢？

回首往事，微风轻拂，落花无语，唯有细浪轻拍河岸。康河里的每一朵浪花仿佛记忆中的珍珠，却又难以连接成串，只得任其洒落，在柔波中消弭于无形。

徐志摩徘徊在康河岸边，心中无限怅惘。他来这里做什么，来寻梦么？一切恍然若梦。那梦沾了康河水，在记忆里慢慢洇开，却又似隔了几重烟波，几世光阴。

他乡再好，也只是一地残留的记忆。康河的柔波，康河的落日，康河上倒映的云彩，康河岸边曾经的浪漫往事，虽不能抹去，却也无法拾起。就让这美好的曾经，留在这片美丽的土地上罢。

一望乡关烟水隔，转觉归心生羽翼。故园，虽山长水远，云遮雾漫，但有小曼等我，我何不归去？纵是倾尽半生心血，我也要把她救出鸦片烟的苦海。纵使倾尽一腔柔情，也要给她一个完美幸福健康的人生。

徐志摩回国前特意去了印度，看望了泰戈尔。于11月上旬回到上海。

陆夫人见女婿突然回家，虽有些惊讶，却是真心高兴。向女佣使了个眼色。那女佣明白，忙上楼去了。

徐志摩随后上楼，见到的情景，让他心底最后一点希望瞬间破灭。此时已是午后三点多钟，房间里帷幔低垂，黑暗如夜。小吸烟室里，一榻横陈，陆小曼与翁瑞午隔灯并枕，两杆烟枪，正吞云吐雾，软语呢哝。

徐志摩突然出现在眼前，翁瑞午纵然老练世故，纵然有再多的借口，在女主人的丈夫面前，也不免理亏与胆怯。忙收了烟枪，爬起来笑道："志摩回了，小曼正盼着你呢！"

陆小曼翘着兰花指，架着烟枪，优雅地吐出一口浓浓的白色烟雾，懒懒地看了他一眼："你回来了。"

徐志摩心里涌起一股情绪，是厌恶、是轻蔑、是可怜、抑或是鄙视？他说不清。他抬头望向天花板，无声地问：眼前这个熟悉又陌生的女人，这个瘾君子，是那个性灵的，纯真的，被人们称作'北京城一道不可不看的风景'的'大家闺秀'么？

烟雾缭绕下的面孔依然精致,微眯着的双眸依然妩媚。这些曾是他狂热追求真爱,自由和美的根源。这些曾给他多少诗的灵感。而今,都在那一层烟雾里缥缈成虚幻。

去国离乡,游了一圈回来,上海没有变,陆小曼没有变,徐志摩的生活也没有变。他以光华大学的教职为主,兼职于南京中央大学,并为中华书局编选文学丛书。月收入千元以上,已经很可观了。但依然满足不了妻子每月的花销,依然举债度日。

3.悄悄是别离的笙箫

这天,徐志摩来到新月书店,恰巧胡适、梁实秋、余上沅几人都在。

众人见他眉头紧锁,脸色泛青。大家都知陆小曼吸鸦片烟,疑他心里为此事不畅快。

梁实秋倒杯茶给他:"你可是我们这群人里最有生气,最有情趣的人,从来都是和颜悦色的。再沉闷的场所,有了你,便可春风化雨,便可蓬荜生辉。今儿怎么有些闷闷不乐的?"

徐志摩接过茶喝了几口,笑道:"见了你们这些人,哪有不快活的。"

胡适有意岔开话题："《新月》第 1 卷在 12 月 10 日出刊。你这次欧洲之游没有写游记的么？何不刊几篇？"

徐志摩从手提包里抽出一页纸给他："游记没有，诗倒有一首。在回国的船上写的。"

胡适一目十行的读过，拍桌子叫道："真是好诗！"

众人围过来，梁实秋一把夺过诗稿，朗声念道：

再别康桥

轻轻的我走了，

正如我轻轻的来；

我轻轻的招手，

作别西天的云彩。

那河畔的金柳，

是夕阳中的新娘；

波光里的艳影，

在我的心头荡漾。

软泥上的青荇，

油油的在水底招摇；

在康河的柔波里，

我甘心做一条水草！

那榆荫下的一潭，

不是清泉，是天上虹

揉碎在浮藻间，

沉淀着彩虹似的梦。

寻梦？撑一支长篙，

向青草更青处漫溯，

满载一船星辉，

在星辉斑斓里放歌。

但我不能放歌，

悄悄是别离的笙箫；

夏虫也为我沉默，

沉默是今晚的康桥！

悄悄的我走了，

正如我悄悄的来；

我挥一挥衣袖，

不带走一片云彩。

梁实秋念毕，叹道："此诗不拘一格且法度严谨，读来抑扬顿挫，节奏优美。我是有多久没有读到这样好的诗了！"

余上沅嚷道："你读诗不觉得，我听着却有一种独特的快感。其韵律似微风吹拂下的涟漪，又似在缓步从容中铺展。颇有'长袍白面，郊寒岛瘦'的诗人气度呢。"

徐志摩笑微微地看着朋友们。他当然知道，朋友们说的都是真心话。

胡适打断余上沅："你且慢！志摩，我对这首诗有几点分析，对与不对，你再定夺。"

徐志摩含笑点头。

胡适煞有介事："此诗写景抒情。其情为：留恋之情、惜别之情与感伤之情。"他盯着徐志摩的脸，"以前，我似乎没有发现你也会伤感。但如今，你脸上写满了这两个字。"

徐志摩抬手摸脸。

梁实秋笑道："说诗就说诗，说人做什么！"

"诗是人写的。"胡适白他一眼，又望向徐志摩，"故地重游，康桥勾起你许多回忆，让你留恋，让你牵挂，让你难舍。而且，康河的清波洋洋洒洒的流淌，正如你的追求——自由与美。"

徐志摩爽朗笑道："我的眼是康桥教我睁的。我的求知欲是康桥给我拨动的。我的自我意识是康桥给我胚胎的。"他顿了一下，又长声叹息，"谁说不是呢！那彩虹似的梦，多么美丽，又多么短暂。唉！梦，总是要醒的。"

余上沅拿着诗稿又默读了一遍："这首诗结构起伏跳

跃，很符合志摩活泼好动的个性。整体却有一种柔美幽怨、清新飘逸的韵味。"

徐志摩任其评说，不置可否。心中虽有诸多烦恼，但与朋友们在一起，总是快活的。只是这快活，于他来说，已显得分外珍贵了。

时间悠然而过，唯有忧愁与孤寂，在眼角眉梢，空留印记。徐志摩这位曾经被人们津津乐道的风神潇洒、旁若无人的风流才子，也日渐憔悴。人的容颜，是心灵的镜子。若没有鲜活灵动的源泉的滋养，心就会枯萎，人就会苍老。

世间，还有什么比爱情更能让人滋润，也更能令人伤怀？爱情，因为得不到，显得完美无缺。因为得到，却又总是千疮百孔，不尽人意。曾经多少海誓山盟，多少两情相悦，终敌不过世俗的牵绊。人面不知何处，绿波依旧东流。是人心易变，还是爱情易变？是不是所有来得激烈的爱情，都有一个平淡得残酷的结局？莫非婚姻真的是爱情的坟墓？

人生如戏。或许，尘世间的每一个人都是出色的戏子，都在努力地扮演着生活中不同的角色。

光华大学英文系的学生都喜欢徐志摩。凡是他的课，同学们必选。在他们眼里，徐志摩永远是朝气蓬勃、思想活泼、知识渊博、兴趣广泛的没有架子的教授。

徐志摩每次进教室，总是把藏在长袍袖底的烟蒂偷偷地狠吸一口，向门角一丢，就开始上课。他上课有说、有笑、有表情、有动作。时而用带浙江音的普通话，时而用流利的英语。像一团火，照亮每个学生的心。他的教学方法与人不同，教英文散文、诗、小说，都没有指定的课本。也不是按部就班地教，而是选他自己最欣赏的具有代表性的作品念给学生们听。一边讲课文，一边海阔天空地发挥自己的思想。同学们就好像跟着他遨游天上人间，又好像闯入了文学世界的广阔园地。

这天，徐志摩照例是把藏在袖子里的烟蒂吸了最后一口，丢在屋角。笑容满面的。大家一看就知道，徐先生又要讲好故事了。

他微笑着说："你们可能猜到我要讲些什么东西给你们听。啊，我昨天的愉快，是生平第一次了。你们以为我昨夜搭夜车来的吗？啊，不，是从南京飞回来的。我在欧洲时，从巴黎到伦敦，曾坐过一次飞机。结果因为天气恶劣，在机上大晕，从巴黎吐到伦敦。昏沉中，只见英吉利海峡里满海的白雾而已。"

同学们都兴奋地看着他，带着一脸羡慕的神色。

他接道："这次中国航空公司送我一张票，我昨天从南京飞来。啊，你们没有坐过飞机的人，怎能体会到我当时的欢喜。我只觉得我不再是一个地球上的人了。我跟暑天晚上挂在蓝天空里闪亮的彗星一样，在天空中游荡。再也不信我是一个皮肉造成的人了。从窗口向地上望，多么渺小的地球，多么渺小的人类啊！人生的悲欢离合，一切的斗争和生存，真是够不上我们注意的。我从白云里钻出，一忽儿又躲在黑云里去。这架飞机，带着我的灵魂飞过高山，飞越大湖，飞在闹市上，飞在丛林间。我当时的希望，就望这样的飞出了空气的牢笼，飞到整个的宇宙里去！我幻想我能在下一刻儿飞在地王星与天王星的中间，把我轻视的目光，远望着这一座人们以为了不得大的地球。让我尽量地大笑一下吧，'你这座可怜渺小的地球，你们这辈住在地面上的小虫儿，今天给我看到你的丑态了！'啊，我快活得跳起脚来，只可惜它没有带我出这空气的范围。今天我还是到这里来，给你们相对的坐着上课了。"

同学们听得入神，似乎跟着他坐了飞机，在白云上飞翔。

他停了下，又道："我写了首诗，把其中一节念给你们听，如何？"

同学们齐声叫好。

他半闭着眼睛念：

脱离了这世界，飘渺的，
不知到了哪儿。仿佛有
一朵莲花似的云拥着我，
（她脸上浮着莲花似的笑）
拥着到远极了的地方去……

唉，我真不稀罕再回来，

人说解脱，那许就是罢！

　　他突然停住。同学们似从云端降落在地面，回味着，揣摩着诗意。

十一　缘来是苦　世相迷离几人识

1. 爱情是一日三餐的人间烟火

1930年底，胡适离开上海，回北京大学任文学院院长，建议徐志摩也回北大。徐志摩因为正着手筹划出版新的刊物——《诗刊》，也是想在上海继续经营新月书店，所以并没有立即答应回北京。后因光华大学的学潮，不得不离开上海。

这天，胡适收到徐志摩的信。他在信中说："你既要我来，我想你家比较宽舒，外加书香得可爱。就给我楼上那一间罢。"

胡适的妻子江冬秀笑道："志摩率真的性子是极好的。他想住楼上那间向阳的大房，就收拾出来给他住。房里有暖气炉，隔壁是洗澡间，方便得很。"

1931年2月24日，徐志摩提着简单的行李箱，住进了胡适的家。

3月3日正式上课。北京大学八小时，女子大学八小时。徐志摩白天在这两所大学之间奔波，夜间准备不同的教案。

这天傍晚，徐志摩给陆小曼写信：

　　我住在胡大哥家，一切尚好。上海的环境我实在不能再受，再窝下去，我一定毁。我毁，于别人亦无好处；于你，更无光辉，因此忍痛离开。母病妻弱，我岂无心？望你能明白，能帮我自救，同时你亦从此振拔。

　　胡适恰巧进来，见徐志摩一脸忧思，他的心也沉甸甸的。当初，他与朋友们都看好志摩与小曼的自由恋爱与幸福婚姻。可如今，那个从不知愁苦，也决不让旁人苦闷的志摩；那个淳朴天真，永远洋溢着勃勃生机的志摩，已变成了一个内心痛楚而无法解脱的人。而让他改变的，正是他倾一腔热情与心血去追求得来的爱人与婚姻。

　　"志摩，北大月薪三百元，女大月薪二百八十元，"胡适小心地问，"每月共五百八十元，你寄多少给小曼？"

　　徐志摩苦笑道："五百八也不够她一个月的花销。"

　　胡适又试探着问："你有没有想过离婚？"

　　他一脸茫然："离婚？没有想过。当初，小曼是为了我才跟王赓离婚的。她现在这个样子，若我再跟她离婚，她就毁了。"

　　胡适无语。

　　徐志摩却叹道："这些日子，我常常想起先生那年写给我的信。"见胡适静静地看着他，接道，"先生说：'天下岂有圆满之宇宙？……当知吾侪以不求圆满为生活态度，斯以领略生活之妙味矣。……若沉迷于不可必得之梦境，挫折数次，生意尽矣。郁悒侘傺以死，死为无名。死犹可也，最可畏者，不死不生而堕落至不复能自拔。'"

念到最后一句，他的声音越来越低沉，目光越来越幽寂。

看他苍白略带青色的面孔，胡适的心似塞了一堆乱草。

徐志摩忽然咧嘴笑道："明儿休息，去香山看徽因可好？"

胡适觉得他心情不畅，平时工作又忙，去散散心也好。突然又莫名地想，志摩来北平两个多月，已经三次去香山探望患有肺病的林徽因。或许他心里依然牵挂着林徽因罢。可那又有什么关系呢。

爱情是什么？是初见时惊艳，再见时的生死相许？是情不知所起，一往而深，生者可以死，死可以生的前世今生？是人生若只如初见的那份最初最纯最真切的美好？还是相爱而不能相拥的期盼与渴望？

或许，爱情是四月的一朵蔷薇。含羞带露，开得风姿秀逸，一旦摘在手中，便立时枯萎。

或许，爱情似一件精美的瓷器。需要两个人细致周全地呵护，若有一方松懈，便会碎成一地不可收拾的琉璃。

或许，爱情就是一种责任。是无条件的、心甘情愿的付出。是一蔬一饭的日常，是相敬如宾的宽容与谦让。

茫茫人海，我遇见你，一见如故，情投意合，许诺再也不分离。我们都渴望一份天长地久，渴望永远不要失去彼此，渴望三生石上镌刻着生生世世的深情与厮守。

然而，古往今来，才子佳人恩爱情长的故事，只是春天开在枝头的一抹瑰丽色彩。终究比不得烟火人间，一日三餐的平淡与实在。

这天傍晚，胡家的家庭教师罗尔纲约徐志摩去散步。

他收拾了一下："这篇序写了四天，总算是完成了，正好去公园里走走。"

胡家在北海公园后门附近。二人进了公园，罗尔纲好奇地问："徐先生为谁写序？"

徐志摩回道："给《醒世姻缘》写的序。亚东书局正在翻印这部书，催胡大哥作序，他倒好，命我写了。"

落日余晖，倦鸟归林。清风徐来，花香沾衣。公园里游人稀少，幽静而惬意。他二人沿湖边往前走了一段返回时，已是暮色四合。出了公园后门，有一位衣衫褴褛的老妇拦路乞讨。

徐志摩站住，详细询问她是哪里人氏，有无子女，因何流落到北平行乞。老妇人一一作答。二人絮絮叨叨，犹如偶遇的熟人。随后，他把身上带的钱都给了老人。

罗尔纲颇感意外。想不到这位蜚声文坛的大诗人，一颗诗心，是极善良的。老妇人蹒跚离去，徐志摩望着她的背影，久久伫立。

他俩回到胡家，江冬秀笑道："罗先生回来了，三缺一呢。"

原来江冬秀喜欢打牌。家里几乎每晚都有一桌麻将。今儿三缺一，就催罗尔纲上阵了。徐志摩是从不打牌的，吃过晚饭，回房准备明天的教案。

春天的夜，温润而舒适，徐志摩却久久不能入眠。他想起在香山养病的徽因，瘦得像变了一个人似的。从前是国色天香，清脒华艳；如今却是落花无言，人淡如菊。他在心底叹息着、怜惜着。又想起她一双活泼可爱的儿女，忍不住给小曼写信：

眉：

我近来也颇爱孩子，有伶俐相的，我真爱。我们自家不知到哪天有那福气，做爸妈抱孩子的福气。听其自然是不成的，我们都得想法，我不知道你肯不肯。我想你如果肯为孩子牺牲一些，努力戒了烟，哪怕孩子长成到某种程度，你再吃。你想我们要有，也真是时候了。现在阿欢已完全不相干的了。至少我们女儿也得有一个，是不？这你也得想想。

信寄出了，久久没有回音。

2. 小曼在上海这样糟的地方，真是可惜了

1931 年 4 月 23 日，徐老夫人病逝。徐志摩已从北京赶回硖石老家。

陆小曼得知消息，忙从上海赶往硖石。

徐申如听儿子说陆小曼要来，竟派人至半路拦住，不许她进徐家门。

徐志摩气急，但不想与父亲争吵。只问："爸爸，为什么不许小曼进门？"

"为什么？"徐申如连看都不看他一眼，"陆小曼是你老婆，却不是我的儿媳妇，我的儿媳妇是幼仪。"

一向温顺的徐志摩怒了，吼道："爸爸，你简直蛮不讲理！你欺侮小曼，就是欺侮我志摩。"

徐申如见儿子竟敢当众顶撞自己，一时气竭，在灵台前顿足捶胸："我前世造了什么孽？养个不孝之子。陆小曼进门，我就走。"

徐志摩没办法，只得出来安慰陆小曼："眉，你回上海罢。人生尽到了责任，灵魂里不会有惭愧或悔恨的齿痕。母亲九泉之下都知道的。"

办完丧事，徐志摩回到上海家里。陆小曼依然倒在烟榻上。

几天来，徐志摩觉得父亲太过分了。只是他如何拗得

过呢？父亲早已拒绝给他经济上的资助，他何尝没有怨言？只是不便在小曼面前提罢了。

如果他和小曼有了孩子，或许父亲会改变对小曼的态度。而他是真的想要个孩子。有了孩子，小曼就有了做母亲的责任与爱心，就会改变生活习惯与态度。但他从她瘦削而灰暗的脸上，看到的是乖戾、烦躁、不安与刻薄。他失望了。

徐志摩疲惫极了，太阳穴隐隐地痛。低头见屋角扔了一堆画稿，细看之下，才知是小曼画的。他骤然一惊，转忧为喜："小曼，这都是你拜贺天健为师以后画的么？"

徐小曼哼了一声，算是作答。返身又进了吸烟室，歪在烟榻上，点燃烟灯，拿起烟枪，屋里又飘起白色烟雾。

徐志摩坐在地上，看妻子惬意、满足、陶醉地一口接一口抽着鸦片。那曾经柔美、性感的嘴唇，吐出一朵朵烟云，在空中袅袅飘散。他有些失神。

爱情是什么？是夫妻间无须言表的款款情深，是如胶似漆的难分难舍。是你心疼我、我牵挂你的感觉。是小别重逢胜新婚，春宵一刻值千金的良宵永夜。

佛说，今生相遇相爱，注定是前世的因缘。烟火红尘中的男女结为夫妻，或是感恩报恩，甘愿侍奉。或是宿债未了，今生偿还。既是前世的因，必是我前世欠她太多。那么，今生我是来还债的了。

他仿佛看见佛祖了。佛祖依然端坐在红尘彼岸。他在此岸。浊浪千顷，有舟不可渡。

楞严经上说："汝爱我心，我怜汝色，以是因缘，经百千劫，常在缠缚。"他理想中的夫妻，既是身体的相合，也是心理的依靠，更是灵性的成就。是由性而情、由情而爱。可如今，这夫妻关系竟是相互的怨恨，相互的折磨了。

红尘如梦，世相迷离。这是一个婆娑世界，婆娑即遗憾。天若有情天亦老，月如无恨月长圆。人生岂有完美的圆满？人，因缘而聚，因情而暖。缘来是苦，缘去成伤，生生世世，因果循环。只是这有生的日子，还得过下去。他又回到了北平。

6月14日，星期日，朋友们聚集在胡适家。

徐志摩原是爱热闹之人，虽然郁闷，但见了朋友，心境也开阔起来。这次回北平，他带了陆小曼的几幅画，此刻忍不住拿出来，让大伙儿品评一番。

金岳霖睁着双眼："小曼真是冰雪聪明！画得这样好了！"

杨宗翰叹道："志摩啊，小曼这样的才女，在上海这样糟的地方，真是可惜了！"

金岳霖的美国女友丽琳对其中的一幅画爱不释手，徐志摩便送给她。

邓以蛰则对一幅山水长轴赞不绝口，连叫快拿去装裱，裱好了他要题字。

杨杏佛一进门就被山水长轴吸引，也嚷着要题字。

徐志摩心里得意，脸上比往日多了几分光彩。暗想，小曼到底是有才华，有过人之处的，并非只吃鸦片，只晓得玩乐。

一直没吭声的凌叔华突然说："志摩，你一向最讲究的，着西装有绅士风度。穿长衫马褂，便是长袍白面，郊寒岛瘦的诗人。"

徐志摩笑问："莫非我今天不是这般气度？"

众人都望向凌叔华。

凌叔华撇嘴道："你哪里还有什么气度？你看你的裤子，又旧又短，还破了个洞。一个陆小曼，就把你改变了。"

众人不语。凌叔华虽没有顾及徐志摩的脸面，说的却是真话。

徐志摩倒不在意，嘿嘿笑道："我家里人真算糊涂，我的衣服一共能有几件？此来两件单哔叽都不在箱内。"见大家神情不自在，便敛了笑容，低声道，"你们知道的，小曼在上海的花销大，我每月的薪水根本不够她用的。这次来北平，带了几件玉器，想卖给外国人赚些钱贴补家用。只这钱也不是好赚的。"

金岳霖问："何不把小曼接来北平？也省了你两头跑。"

徐志摩苦笑一声："她不肯来北平居住。你倒是说到点子上了，我每月北平、上海来回地跑，车票都要用一大笔钱。"

见梁实秋与胡适进来，徐志摩忙换了话题，笑问："实秋，你坐过飞机没有？"

梁实秋边看画边摇头："没有坐过。一来没有机会，二来没有必要，三来也太贵。"

徐志摩嚷道："喂，你一定要试试看。哎呀，太有趣。御风而行，平稳之至，在飞机里可以写稿子。自平至沪，比朝发夕至还要快。北平吃早点，到上海吃午饭。太好。"

梁实秋带几分羡慕："这飞机可不是一般人能坐的。你呀，是上天的宠儿，飞来飞去的。在我们这群人中，可谓是开风气之先了。"

徐志摩高昂的兴致消沉下来："我哪里是上天的宠儿，只是为了节省路费。保君健你们也认识的，中国航空公司财务主任。他见我平沪两地奔波，便送了一张长期免费机票给我，实在是省了一大笔钱。"

胡适笑道："中国航空公司的生意不景气。他何尝不是借你大诗人之名做宣传，故以赠免费机票。"

凌叔华忙道："你该向中国航空公司收取宣传费的。"众人都笑起来。

徐志摩自嘲道："也不怕你们笑话，我在北大讲哈代、雪莱、近代诗，私底下却做中间人，赚佣金贴补家用。"

凌叔华有些好奇："做什么买卖的中间人？"

徐志摩说："我福叔蒋百里，你们是知道的。被蒋介石扣押在南京，家中经济拮据，福婶欲出售在上海富国门路的私宅以救急。恰好何竞武要在上海买房，我就两边收佣金。有人家要卖宅基地的，也托我找买家。"

"这有什么不好意思的？你是怕做中间人与你大诗人的身份不相符么？"金岳霖一本正经道，"一个要卖，一个要买，事先他们之间互不了解。以你的人品地位，在中间牵线搭桥，他们也信任。你收取费用，却是本分。"

一屋子的人都说是这个理儿。

一屋子的人也知道，徐志摩为生计奔波劳碌时，张幼仪在东吴大学教授德文的第二学期，便在四哥张嘉璈的支持下，出任上海女子商业储蓄银行的副总裁。同时，八弟张禹九与朋友在静安寺路开了一家云裳服装公司，张幼仪又接任了该公司总经理职务。

3.飞机还是不坐为好

徐志摩每日往来于北大、女大讲课，虽忙碌、劳累，有这些朋友们在一起，却也充实愉快。只是每每想起陆小曼在上海家中的巨大开销，又不免丧气。见大家都安慰自己，也就把那些不快抛开了。

6月25日，徐志摩写信给陆小曼，说这个月底不回上海了，近来都是借钱度日，车票能省则省。

这天，杨振声从青岛来北平办事，傍晚邀徐志摩到北平中山公园散步。

夏夜，没有月亮。辽阔、深邃的苍穹，星星点点。二人走累了，就坐在后池子边的长椅上。头上是枝叶茂盛的老柏树，对面是古城下一排亮闪闪的路灯，耳里满是夏夜的虫鸣，间或听见池子里的鱼泼剌泼剌地飞跳。

二人慵懒地靠着椅背，脚跷在临池的栏杆上，吸烟说话。

他们仰望无语的星空，听大地上的声音。从星星的幽隐，说到池鱼的荒唐。又从池子里柔波摇漾的灯影，说到夏夜是怎样的温柔不羁。

其实，是徐志摩一个人在说话。说爱情的曲折与飘忽。说他自己与陆小曼，就如紫藤的纠葛，如绿杨的牵惹，如野风的渺茫，如花雾的迷离。酒醒香销愁不胜，如何更向落花行？繁华如梦总无凭，人间何处问多情。

杨振声似在听他诵读一首优美而伤感的诗。又似窥见他灵感的波涛，多情的挣扎。这是多有趣味而又不能发表的诗呀！后半夜了，露水把放在长椅上的火柴浸湿，点不着烟，又不想回去。二人就静静地聆听夏夜里的秘密。

忽然，远处幽幽飘来一缕如泣如诉的音乐之声。

"听，那故宫的鬼乐！"徐志摩说。

音乐真像是从故宫方向飘忽而来。

杨振声笑问："你想这音乐是在幽宫的一角，几个幽灵泣诉故宫的旧恨好呢？还是在千门万户的不夜之宫，三千女魂一齐歌舞好呢？"

徐志摩的嘴笑成了一弯新月："唔！你去幽宫罢！我得先看了歌舞，再到幽宫去找你。"

他俩离了池子，真的寻着乐声往东走。经过一段幽凉的长路，到了来今雨轩。不见有人跳舞，也不见有音乐。

"这音乐真来的古怪！"徐志摩侧着耳朵说。

出了公园前门。他俩又顺着天安门往东走。高大的城墙根下，只有他俩的影子在昏黄的路灯下，时长时短，时前时后，格外的孤单而诡异。

徐志摩突然说："小曼来了好几封信催我回去了。"他的声音在这幽深而寂寥的夜里，顺着城墙根飘忽得老远。

杨振声问："你怎么还不走呢？"

"等飞机呀！"

"干嘛必须坐飞机？"

"快噢。"

"你等上一星期呢？别顽皮啦，乖乖地坐车回去罢。"杨振声拍着他的肩膀，"回首坐船，到青岛还得来见我们。我们陪你逛崂山。"

徐志摩笑道："飞机过济南，我在天空望你们。等着，看我向你们招手儿罢。"

杨振声道："我明天也要回青岛了。"

"这样快！几时见？"

"你一准到青岛来。"

"好罢。"徐志摩踢去脚边的一块石子，曼声应着。

徐志摩是牵挂妻子的。两人天各一方，他写的信多，总是去了五六封信，陆小曼才写一封回信。

这天，徐志摩收到陆小曼的信，竟是满纸的怨言。这是一封几个月，几件事攒在一起说的回信：

> 顷接信，袍子是娘亲手放于箱中，在最上面，想是又被人偷去了。家中是都已寻到一件也没有。你也须察一下问一问才是，不要只说家中人乱，须知你比谁都乱呢。现在家中也没有什么衣服了，你东放两件，西存两件，你还是自己记记清，不要到时来怪旁人。我是自幼不会理家的，家里也一向没有干净过，可是倒也不见得怎样住不惯。像我这样的太太要能同胡太太那样能料理老爷是恐怕有些难罢，天下实在很难有完美的事呢。
>
> 玉器少带两件也好，你看着办罢。
>
> 既无钱回家何必拼命呢，飞机还是不坐为好。北京人多朋友多玩处多，当然爱住。上海房子小又乱地方又下流，人又不可取，还有何可留恋呢！来去请便罢，浊地本留不得雅士，夫复何言！

人的一生，或许就是这样一个苦难和受折磨的过程。也是一个修行的过程。人就是为了受苦才来到这红尘浊世的。夫妻之间的和与不和，都是缘。一切有缘众生，都是来了结前缘的。在注定的因缘际遇里，烟火男女唯一的选择，是别无选择。

徐志摩的心像堵了一蓬乱草，又塞又闷又苦。但日子还得一天天地过下去，事情还是得一件件地去做。

10月29日，他又给妻子写信：

车怎样了？绝对不能再养的了！

大雨在贝当路那块地立即要卖，他要我们给他想法。他想要五万两，此事瑞午有去路否？请立即回信。如瑞午无甚把握，我即另函别人设法。事成我要二厘五的一半。如有人要，最高出价多少立即来信，卖否由大雨决定。

明日我叫图南汇给你二百元家用（十一月份），但千万不可到手就完，我们的穷运还没有到底；自己再不小心，更不堪设想，我如有不花钱的飞机坐，立即回去，不管生意成否。我真是想你，想极了！

寄出这封信的同时，他决定等着搭乘张学良的飞机回上海。

十二　云飞天外　但留诗情暖人间

1. 北平告别

刘半农听说徐志摩要回上海，便邀了几位好友设宴为他饯行。

"坐车不好吗？等什么飞机。"刘半农问。

徐志摩咧嘴笑道："你怕我从飞机上掉下来么？我若飞死，你当写挽联赠我。"引得刘半农与众人笑个不止。

次日得知，张学良在北平的事情尚未办妥，还要候几日才回南边。他便耐心地等。

这天夜间，徐志摩与熊佛西等朋友在勺园小聚。北平的深秋，已十分寒冷，北风吹得落叶在院角卷成一堆，屋内却是茶酒飘香，炉火正旺。在朋友的聚会中，徐志摩从来都是最受欢迎，也是最爱说话的人。

他喝着茶，感叹道："最近颇想到前线去杀敌！我这一生，什么样的经历没有经历过？只没有上过战场。我这一生啊，真是往事如梦！若能死在战场上，或许是今日诗人最好的归宿。"大家都知，他的思绪一向是天马行空的，并未去揣摩他内心的真实想法，只与他天上地下地聊着。

第二天，他去看望在清华教书的叶公超。谈笑间，徐志摩神采飞扬地说："明天一起去上海罢！机票来回免费。"

叶公超说："没事去上海干什么？不去。"

告别叶公超，在大街上遇见许地山。徐志摩笑道："地山，我就要回南了呢。"

"什么时候再回到北平来？"许地山问。

他今儿心情似乎特别好，悠然笑道："那倒说不上，也许永不再回来了。"

许地山知他玩笑惯了的，并不以为意。二人转身，各自离去。

11月9日，徐志摩去向陈西滢凌叔华夫妇告别。陈家饭桌上有个日记本，徐志摩随手翻开，见上面抄了一篇自己写的游记。凌叔华在文章后面戏题：志摩先生千古！

徐志摩笑问："我明早要御风南去，哪能就千古了呢？"

凌叔华忙抢过日记本，收了起来。

第二天没有飞成。他往陈家打电话。凌叔华有些奇怪地问："为何还在？"

徐志摩说："风太大，吹回来了！"

既没有飞成，他便去看望林徽因。在景山东大街遇见周作人："我就要南下了，还没有送你《猛虎集》呢。"

周作人回道："等你回北平再送。记住，下次不要忘了。"

在林徽因家里，又遇叶公超与吴其昌，几个人闲谈半日。晚上，与林徽因同去参加宴请英国柏雷博士的茶会。

柏雷博士是英国作家曼殊斐儿的姐夫，来中国开太平洋会议。徐志摩希望可以再从柏雷博士口中得到些曼殊斐儿早年的影子。因时间紧促，茶会匆匆散了。

他与林徽因出来，行至总布胡同。要分手了，他心底莫名地涌起一股难舍的情绪，轻声道："徽因，我明天就要走了。"

夜风酷寒，路灯闪烁。林徽因见他眼底亮晶晶的，似泪光莹莹。便柔声安慰："你又不是不回北平了，有什么难过的。"

徐志摩抬手飞快地擦一下眼睛："那倒是。张学良的飞机改过三次期了，若明天再改，我就不走了。"

徐志摩依依不舍离了林徽因。回到胡家，胡适说方才接到电话，张学良明天一定南飞，忙又返回梁家。恰巧梁思成与林徽因外出有事，想等他们回来当面告别。直至喝完一壶茶，还未等到主人，方留了便条出来。

梁思成夫妇回来很晚，见徐志摩留下的便条上竟写着：定明早六时起飞，此去存亡不卜。

林徽因一时怔住，又莫名地惊悸，忙往胡家打电话。

徐志摩听见林徽因的声音，心里一片柔情似水。轻声道："你放心，很稳当的。我还要留着生命看更伟大的事迹呢！哪能便死？"

林徽因知道，徐志摩说的伟大事迹，是指她将在协和小礼堂要做的关于中国建筑的报告，心底涌起一股知音之感。

2. 离家出走

11月11日晨六时，徐志摩搭乘张学良的专机由北平至南京。

徐志摩到南京后，便去看望张歆海韩湘眉夫妇。晚饭后，张氏夫妇送他上了回上海的火车。

12日清晨，徐志摩回到上海家中，陆小曼在朋友家打牌也刚回来。在吸烟室里过了一阵烟瘾，便去卧室睡了。

13日，郁达夫与许多朋友来徐家闹了一夜。

14日上午，徐志摩去观看刘海粟的新作品。邢鹏举来访不遇，留下名片离去。徐志摩回家见名片，忙写便笺："得片至慰。此番匆匆回南，事前不及通知。今日午后来得不巧，我又因事外出。我已定明日赴硖，后日夜车到宁。一切容后函谈。"嘱仆人务必送至主人手中，不得有误。

15日回硖石老家看望父亲。原定16日回上海的，因在老家多住了一日，17日下午方回。至家中收拾行李，准备坐夜车去苏州。见陆小曼又歪在烟榻上云雾缭绕。他放下手中的东西，坐在榻沿，轻声道："眉，你把鸦片戒了罢。你看你瘦成什么样子了？我见了，也伤心得很。"

陆小曼从烟榻上翻身坐起，冷笑道："我知你早已见不得我这个样子了。你在北平天天可见林徽因那美貌清纯的样子，就是她生病瘦骨伶仃的，你也会爱着她伺候她，又何必回来！"

徐志摩急道："你明知我不会伺候人的。亦无此心思。何必说来！眉，你也明知我爱你。深深地爱着你，所以才劝你戒掉鸦片。你去照照镜子，你成什么样子了！"

陆小曼大怒："我成了什么样子，何须你说！"抬手把烟枪朝他脸上掷去。

徐志摩头一偏，枪烟没打着脸，却把眼镜甩在地上。镜片破碎。他气得浑身颤抖，捡起破眼镜，冲下楼去。

陆夫人见女婿冲门而出，忙上楼来。见小曼面目狰狞的样子，怒道："志摩为了你，为了这个家，奔波劳累，你还不满足么？他劝你戒掉鸦片，也是为你好。你跟翁瑞午鬼混，我都嫌丢人，你又如何对得起他！"

陆小曼哪里听得进去。她心里一腔无名怒火在燃烧。徐志摩不在眼前，无处发泄，就找出纸笔，写一封措辞刻薄恶毒的信放在醒目之处，以便他晚上回来一眼就看到。

暮色四合，华灯初上。歌舞厅里，女人的妖冶，男人的豪爽，和着时而雄浑，时而柔媚的乐曲，在这座不夜城温柔却冷酷的怀抱里恣意流淌。这大千世界，风月场所，徐志摩曾经是多么熟悉，熟悉得如同一滴水融入大海。如今竟与他格格不入。是他跳出了红尘浊浪之外，还是这温柔富贵乡遗弃了他？或许，是这里再也没有滋养他诗魂的土壤。行遍千山万水，赴汤蹈火所得来的真爱、自由与美，竟似一个梦。梦醒时分，已遍体鳞伤。低眉回首处，那一路走来的，深深浅浅的足迹，早已淹没在疏烟淡雨中。

徐志摩在街上漫无目的地走着。夜风吹寒，他清醒了些，去眼镜店换了镜片。想起好友陈定山就住在附近，便往他家去。

陈定山见他一身疲惫，满脸愁容。很是惊讶："自我认识你起，从未见你发过愁，也从未见你发过怒，今天是怎么了？"

徐志摩面有愠色："小曼连打了十几个电报催我回来。今天劝她戒掉鸦片，就跟我吵了一架，竟把烟枪往我脸上掷。"

陈定山迟疑地问："你没有想过离婚么？这样下去，她会把你拖垮的。"

徐志摩有点失神："翁瑞午不是好人，我要保护她。我不能离婚。"见陈家也有烟榻，嚷道，"嫂夫人快快烧烟，我也来一口。"

陈夫人奇道："你不是不吸的么？"

徐志摩大嘴一咧，一字一顿地说："我尝尝它，到底是什么滋味。"

陈夫人忙去点烟灯。陈定山拦住："你别烧了！志摩今儿心情不好。去把客房的床收拾了，让他今晚住下。"

徐志摩倒是听话，吃了饭便去睡了。

陈定山叹道："志摩性情温良，天生一颗慈悲心，对人一团友爱。我从未见他如此烦恼过。唉，都是陆小曼害了他！"

陈夫人却说："当初若不是他苦追陆小曼，陆小曼也不会跟王赓离婚再嫁给他。依我看呀，小曼害了志摩，志摩也害了小曼。"

陈定山小声嘀咕："若没有志摩，陆小曼也会跟王赓离婚的。志摩这样爱她、宠她，她还跟翁瑞午不清不白，可见是个水性杨花的女人。"

陈夫人嗔道："你们那群男人，当初不都喜欢她么？胡适还说'陆小曼是北京城一道不可不看的风景'呢。如今，这道风景依然好看么？"

陈定山不想跟夫人争辩，上床躺下。今儿也不知为何，脑子里总是重叠着徐志摩愁苦的脸。

18日上午，徐志摩在陈定山家里，打电话托查猛济约曹聚仁明日同往苏州访章太炎。

下午回到家中，本欲与陆小曼心平气和地说说话，却见桌上的信。信纸是平铺着的，一看便知上面的字是陆小曼写的。他俯身读了几行，气得浑身颤抖，原本白净的面孔更加苍白。

他的心在胸腔里呼天抢地。他不敢开口，他怕他的心带着鲜血冲口而出，落地而碎。他顺手抓起一条裤子换了，提起行李箱，跌跌撞撞地跑下楼梯，冲出大门。

　　陆小曼站在一边，眼睁睁地看着丈夫无声却是愤怒地离去。那曾经风流儒雅，吸引了多少佳人的背影，今儿写满了悲愤与决绝。她急忙走至窗前，见他迈着坚定的步伐，渐行渐远。蓦然，一股寒气从脚底升起，浸透四肢百骸。随着他离去的背影，似乎今生今世所有的一切，都从指缝间漏了去。她曾经飞蛾扑火般追求得来的自由、爱情、家庭，如今只有那一眼，那带着一抹疲累、悲哀而绝望的背影，消失在街角的拐弯处。

3. 我想飞

　　陆小曼后悔了。更是莫名的真切的后怕了。她心乱如麻，这是她有生以来从未有过的感觉。似乎所有一切都迟了，都来不及了。第二天上午，她写了一封言辞恳切的信向徐志摩道歉：

　　　　前天晚上我亦不知怎样写的那封信，我真是没有心的人了，我心里为难我亦不管你受得受不得我，糊里糊涂的写了那封信！我这才受悔呢！还来得及吗？你骂我亦好，怨我亦该，我没有再说话权了！我忍心吗？我爱！你是不会怨我的亦决不骂我的我知道的！可是我自己明白了自己的错比你骂我还难受呢！我现在已经拿回那信了，你饶我吧！忘记了那封被一时情感激出来的满无诚意的信吧！实在是因为我那天晚上叫娘骂得我心灰意懒的，仿佛我那时间犯了多大的罪似的，恨不能在上帝前洗了我的罪立刻死去。现在我再亦不信我会写那样的信给你了，就算是你疑我亦不怨你，不过摩呀我的心！你非信我爱你的诚心，你要我用笔形容出来，是十支笔都写不出来的，摩呀！你要是亦疑心我或是想我是个 Coquette（意为卖弄风情的女人），那我真是连死都没有清白的路了，摩呀！今天先生说些话使我心痛的厉害，咳！难道说我这几个朋友还疑心我，还看不起吗？可是我近来自己亦好怕我自己，我不如先的活了，有时我竟觉得我心冷得如灰一样，对于无论何事都没有希望，只想每天胡乱的过去，精乏力尽后倒床就睡。我前年的样子又慢慢的回来了，我自己的本性又渐渐的躲起来了，他人所见的我——不是我本来的我了。摩呀，我本来的我恐怕只有你一人能得到享受，或是永不再见人。前天下午你走的时候我心里乱极了，我要你——近我——近了我——又怕娘见着骂——你走了我心如失，摩呀！

却说徐志摩离了家，到车站打电话给查猛济说明日要回北平，不去苏州了。当即坐车至南京，到何竞武家。打电话联系，想搭乘张学良的飞机返北平。得知张学良在上海有公务，近期不返北平。

他从箱子里翻出一张卡片，长吁一口气："好在我出门时带上了，去年保君健赠的免费机票。"

何竞武问："你这样急着回北平做什么？"

"明天下午，徽因要在协和小礼堂做报告，给驻华外交使节讲中国的古典建筑。我说好了要去听的，不可失约。"徐志摩一面说一面拨电话。正巧，明日一早，中国航空公司京平线之济南号载邮件飞北平。

他笑道："好了，明天可以到北平吃午饭了。今天时间还早，我去海默家坐坐。"

何竞武说："左右无事，我开车载你去。"

恰逢张海默夫妇外出未归。二人便去找杨杏佛，杨杏佛也不在。徐志摩留了字，与何竞武去金陵咖啡馆吃晚饭。

晚饭后，徐志摩给张家打电话，正是张海默的妻子韩湘眉接的。

韩湘眉在电话里嚷道："你事先不写信，我们晚间有约在先了。"

徐志摩笑道："你们早点回来。我十点钟到你家等你们。"

"你九点半就来，我们一定早回家。"

九点半左右，徐志摩到张家。张海默夫妇尚未归来，却接到杨杏佛的电话。忙叫他快来张家。

张海歆夫妇回来已是夜间十点多钟。

韩湘眉带几分歉意："志摩，我们回迟了，累你等候。"

"我很舒服。烤火，吃糖。杏佛又来了。"徐志摩愉快道，"好，来，我们继续讨论上次未完的题目。"

韩湘眉却盯着他，奇道："一周前你从北平回，也不见有今天这么胖，怎么几天长脸就变成圆脸了？"又笑道，"定是在上海做 Good boy（好男孩）吃得饱，睡得足的缘故。"

徐志摩忙申辩："哪里。说起又该挨骂了。我这一星期平均每夜睡不到五个钟头。"边说边起身脱掉长袍。

韩湘眉见他裤子又短又小，腰间还破了个窟窿。怜惜不已。

徐志摩却不以为意，螺旋似的转来转去，想寻一根裤腰带，引得众人大笑。他忙解释："临行仓促，不管好歹抓来穿上的。"

韩湘眉突然心有所感，脱口道："Suppose something happens tomorrow?（明天会不会出事）"

徐志摩扮了个鬼脸："你怕我死么？"

"志摩！正经话，总是当心点的好。司机是中国人，还是外国人？"

"不知道！没关系。I always want to fly.（我想要飞）"

屋里突然安静下来。半晌，韩湘眉又问："你这次乘飞机，小曼说什么没有？"

徐志摩笑嘻嘻的："小曼说，我若坐飞机死了，她做

Merry widow（风流寡妇）。"

杨杏佛接道："All widows are merry。（所有的寡妇都快乐）"

大家笑得东倒西歪。

徐志摩敛了笑："我写过一篇文章《想飞》，最后一段我念你们听。"便清清嗓子，半闭了眼睛，念道，"同时天上那一点子黑的已经迫近在我的头顶，形成了一架鸟形的机器，忽地机沿一侧，一球光直往下注，砰的一声炸响——炸碎了我在飞行中的幻想，青天里平添了几堆破碎的浮云。"

几个人口无遮拦，从飞机说到诗歌散文。说到朋友。说到徐志摩在北大、女大两边跑的工作与生活。又扯一些一团乱麻似的国事，不觉已是深夜。

杨杏佛起身伸个懒腰："我可是要回家了。"

徐志摩穿了长袍："一同去罢！"

大家握手话别时，韩湘眉突然说："杏佛还来，志摩是不会来的了！"

徐志摩原本出了门，听了此话，又折转身，像兄长似的，极温柔地吻了吻韩湘眉的左脸颊。

韩湘眉突然觉得有股热流要冲眼而出，强颜道："志摩，到了北平，即刻来信，免得我们挂心。"

徐志摩边走边答应着。

韩湘眉又在身后说："Let us hear from you before the

week is out。（不出这星期就来信）"

徐志摩扬声回道："一定。"

4. 轻轻的我走了

1931 年 11 月 19 日，梁思成、林徽因夫妇收到徐志摩的电报，说他从南京乘飞机北来，下午三时准时到南苑机场，请他们派车接。

下午三点，梁思成雇车准时到达南苑机场，等到四点半也没有看到徐志摩。疑飞机中途有变，便驱车返回。

第二天一早，林徽因正要出门，电话铃骤然响起。她突然有一种莫名的恐慌。拿起话筒，便听胡适失声大叫："快看晨报！中国航空公司的飞机，昨日在泰山之南坠落，机毁人亡。志摩遇难了！"

话筒从手中滑落。林徽因脑子里一片空白，心里却血肉模糊。

她没有去门外的报箱拿晨报。她没来由的知道，那一定是志摩。志摩以他自己的方式走了。

轻轻的我走了，正如我轻轻的来；我挥一挥衣袖，不带走一片云彩。他带着诗人的浪漫、飘逸和淡淡的忧伤，向这个充斥着快乐与苦难的尘世作了优雅的告别。去天外寻梦了。

陆小曼见徐志摩身如焦炭，冒着黑烟走到床前。她吓得大叫。睁眼看时，床边没有人。原来是一个梦。一股说不清的忧虑和恐慌侵袭而来。

昨天中午，书房的墙壁上，镶有志摩照片的镜框突然掉下来，破碎的玻璃下，志摩的脸看上去无比怪异。当时，她也是这样心慌和恐惧。

陆小曼从床上滚下来，赤脚跑到楼梯口。

楼下客厅里，有几个人正跟陆夫人说话。

她欣喜地大声问："是志摩回了么？"

屋里突然安静了。大家都抬头看着她。目光里有痛惜，有怜悯，有憎恶。却无人回答她的问话。

她没有看到志摩，却见母亲在揩眼泪。

南京航空公司的保君健带来了噩耗，徐志摩乘坐的飞机在济南坠毁。陆小曼听了昏倒在地。

人的一生，有很多种相遇，因时间，因地域，因种种牵绊而淡然，而遗忘。唯有一种相遇，是那个人在最初就住进了心房，再也走不出来。

陆小曼想起与志摩初相识的日子。地坛公园飘飞的银杏叶子，舞池里旋转的身影。还有那些优美的、深情的诗篇，伴着他风趣敏慧的笑语，似在耳边缭绕。可那人呢？那个英俊清雅的、才华超卓的，那个深爱着自己的、热情洋溢的、善良率真的男人呢？

一别尘埃，菩提花开。她知道，志摩一定在天空之上、白云之外，一定在时光的彼岸冷眼凡尘。她要请求志摩，不要忘了曾经有过的一切。不要忘了烟火红尘中还有你最爱的、也是最爱你的眉儿。

清晨，郁达夫读到晨报上的新闻，竟失声痛哭。

王映霞还未起床，不知何故。忙披衣出来。

郁达夫将报纸扔给她，顿足道："志摩走了。"

王映霞一目十行地看了报纸，惊得脸上没了血色。她知道丈夫与徐志摩是杭州府中学的同学，又同年出生，关系十分亲密。前几天还在一起聊天喝茶的人，突然间阴阳两隔，怨不得人痛心流泪。

她忙洗漱了，换一件素色旗袍，对郁达夫道："我们去看看小曼罢。"

他们到徐家时，陆小曼穿一身黑色衣服，头上包一方黑纱，疲倦而悲伤地半躺在沙发上。见他们来了，睁着一双失神的眼睛，无力地挥挥右手，算是招呼了。

他夫妻二人也不知该说什么。只默默地坐着。

陆夫人抹泪道："小曼要去山东党家庄接志摩的遗体，徐老爷不同意。小曼太可怜了，到现在也不被徐家待见。"

郁达夫不知如何接腔。只说徐老爷晚年丧子，太悲惨了，故而在某些事情上想不开。夫人请看在志摩的份上，不要去计较才好。

陆续有朋友来看望陆小曼。郁达夫王映霞告辞出来。

在路边，他们回头看着徐志摩的家，郁达夫声音跟天空的乌云一样低沉："陆小曼蓬头垢面的，像苍老了十岁。"他握紧妻子的手，"你知道么？悲哀最大的表现，是自然的目瞪口呆，僵若木鸡。就是陆小曼今天这个样子。"

徐家决定由张幼仪带十三岁的儿子阿欢，到济南将徐志摩的遗体接回上海。在万国殡仪馆举行大殓后，在静安寺设奠。

陆小曼见到唯一的遗物，是自己画的那幅山水长轴。这幅山水画是她今年春天画的，风格清丽，秀润天成。

更为珍贵的是它的题跋，有邓以蛰、胡适、杨铨、贺天键、梁鼎铭、陈蝶野、杨杏佛等人手笔。徐志摩极爱这幅画，随时带在身边，以便随时请人加题。只因画轴放在铁箧中，故而丝毫未损。

陆小曼抱着这幅长轴，想到徐志摩的种种好，悔恨与泪水流成河。

5. 我是天空里的一片云

郁达夫坐在书桌前，闭目沉思。

王映霞轻轻走来，见白纸黑字赫然写着：

两卷新诗，廿年旧友，相逢同是天涯，只为佳人难再得。

一声河满，九点齐烟，化鹤重归华表，应愁高处不胜寒。

别一副为：

新诗传宇宙，竟尔乘风归去，同学同庚，老友如君先宿草。

华表托精灵，何当化鹤重来，一生一死，深闺有妇赋招魂。

她轻声问："你在想什么呢？我们快走罢，时间到了呢。"随手收起两副挽联，到门外叫车。

万国殡仪馆，大厅四壁挂满了挽联。郁达夫夫妇进门从右侧看去，一眼便见梅兰芳的挽联：

归神于九霄之间，直看噫籁成诗，更忆拈花微笑貌。

北来无三日不见，已诺为余编剧，谁怜推枕失声时。

戏曲名家梅兰芳与杨小楼，徐志摩更喜欢后者。但在北平，徐志摩与梅兰芳无三日不聚。也曾摆碎步，拈花微笑，并答应为梅先生写一部戏。谁知推枕之间，斯人只能凭梦追忆。

郁达夫把自己的挽联交给管事的挂在最后，行至大厅中央，见陆小曼与张幼仪双双哭倒在灵前。王映霞禁不住泪流满面。泪眼蒙眬中，暗念张幼仪的挽联：

> 万里快鹏飞，独撼翳云悲失路。
> 一朝惊鹤化，我怜弱息去招魂。

妻子与亲人，亲情与爱情，只在一念之间，却有着天壤之别。而这一刻，是爱？是恨？是怜惜？还是苦楚？唯有张幼仪自知。

徐志摩的老父徐申如先生，老年丧妻，又失独子。心中的悲痛何以言说？那挽联上白发人送黑发人的悲惨，令人肝肠寸断，不忍卒读：

> 考史诗所载，沉湘捉月，文人横死，各有伤心，
> 尔本超然，岂期邂逅飓风，亦遭惨劫！
> 自襁褓以来，求学从师，夫妇保持，最怜独子，
> 母今逝矣，忍使凄凉老父，重赋招魂！

北京大学校长蔡元培写道：

> 谈话是诗，举动是诗，毕生行径都是诗，诗的意味渗透了，随遇自有乐土；

乘船可死，驱车可死，斗室坐卧也可死，死于
飞机偶然者，不必视为畏途。

此联道出徐志摩浪漫、率真的品性，还有他化为云烟
的从容与淡定。看似轻松随意，读者却感受到了其中深刻
的哲理与巨大的悲哀。一位参透了诗意味的诗人，骑着自
己的云中鹤，真的就云游去了。偶然之间的不幸，谁又能"不
必视为畏途"呢？

王映霞正自感慨，郁达夫拉她衣角："去看杨杏佛写
什么。"

杨杏佛正挽了袖子，执笔挥洒：

红妆齐下泪，青鬓早成名，最怜落拓奇才，遗
爱新诗双不朽。

小别竟千秋，高谈犹昨日，凭吊飘零词客，天
荒地老独飞还。

郁达夫读罢，又看了一眼在灵前以"未亡人"身份答
谢亲友的陆小曼与张幼仪，心里更生出一种哀惋之情。哀
"落拓奇才"飞去，祈"遗爱新诗"不朽。

王映霞小声道："你看陆小曼的挽联如何？这忏悔是
不是太迟了些？"

多少前尘成噩梦，五载哀欢，匆匆永诀，天道
复奚论，欲死未能因母老。

万千别恨向谁言，一身愁病，渺渺离魂，人间
应不久，遗文编就答君心。

郁达夫心里长叹。他读出了一颗又痛又悔的心。怨谁？
怪谁？是苍天不公？是自己不知珍惜？是缘尽如此。"遗
文编就答君心"？编印志摩的遗著？这想法很好，期待着。

陆小曼停止了哭泣。她泪眼干涸，思维停顿，唯有"后
悔"二字如千钧重锤，一记接一记把心砸得血肉模糊。然而，
世间没有后悔药。若有后悔药，时光可以倒流，落花可以
重回枝头，红尘浊世也就没有了遗憾、愧疚。

她偷眼身边哭成泪人的张幼仪。这个被志摩遗弃的女
人，善良贤淑，自立自强，丝毫不比她这个妻子难堪、颓废。

而自己，自恃风姿绰约，容颜亮丽，深得志摩宠爱。
几年来，在乐曲悠扬的舞池里，在灯红酒绿的宴会上；在
男人的虚假恭维里，在阴暗的烟榻上，活得浑浑噩噩。

有钱难买回头看，头若回看后悔无。故人已随白云去，
空留诗情在人间。她唯有在岁月的这一端，用毕生的深情
与爱恋，去搜集志摩所有的诗文，编印成集，以追记、珍
藏志摩诗人的性灵，孩童的率真和如云的潇洒。

她蓦然想起，志摩写在话剧《卞昆冈》里的那首题为《偶
然》的诗。此时此刻，依稀仿佛，志摩在云端吟诵：

我是天空里的一片云，

偶尔投影在你的波心——

你不必讶异，

更无须欢喜——

在转瞬间消灭了踪影。

你我相逢在黑夜的海上，

你有你的，我有我的，方向；

你记得也好，

最好你忘掉，

在这交会时互放的光亮！

那交会时的光亮璀璨夺目，却是转瞬即逝。陆小曼又恸倒在地。

2017 年 2 月初稿于古城吴都

2018 年 5 月修改于古城吴都

2019 年 5 月修改于古城吴都